LITTÉRATURE ET IDENTITÉ CRÉOLE

© Éditions KARTHALA, 1992
ISBN : 2-86537-389-4

Mireille Rosello

Littérature
et identité créole
aux Antilles

Éditions KARTHALA
22-24, boulevard Arago
75013 Paris

DU MÊME AUTEUR

L'humour noir selon André Breton. « Après avoir assassiné mon pauvre père... », José Corti, 1987.

L'indifférence chez Michel Tournier. Un de ces types est le jumeau de l'autre, lequel ?, José Corti, 1990.

Cet ouvrage a été publié avec le concours du French Department de l'Université de l'Illinois, États-Unis.

à Juliette,
à Jean,
à Émily

Introduction

« Avan nou té asi boukèt, aprézan nou asi milé »

Ainsi chantait le peuple de la Guadeloupe dès 1948[1].
L'élégance de la formule vient en partie de ce qu'elle est intraduisible. Dire « avant, nous étions assis sur des ânes, maintenant, nous sommes assis sur des mulets » ou « maintenant
nous sommes assimilés » ne rend compte ni de l'humour du
jeu de mots, ni de la remarquable économie de la constatation désabusée. Comme les paroles de cette chanson, ce livre
parle d'un archipel où l'Histoire se heurte à l'intraduisible
et où tout changement politique et économique est presque
impossible à décrire parce que l'Histoire, aux Antilles, est
écrite ou parlée par des voix dont les intérêts économiques
et idéologiques divergent trop radicalement.

Aux Antilles, ne vivent pas seulement des hommes et des
femmes de races différentes, mais des communautés polari-
sées par un passé récent de divisions manichéennes et de violence extrême. A quelques exceptions près, les Antillais sont
tous des descendants d'esclaves, ou des descendants de maîtres, c'est-à-dire les descendants de groupes raciaux et économiques qui avaient intérêt soit à faire intervenir un changement radical, soit à maintenir de force un statu quo favo-
rable à une minorité. Comment, dans de telles conditions,
peut-on penser la notion de changement, de rupture histori-

---

1. Voir *La langue créole, force jugulée*, de Dany Bebel-Gisler (80).

que ? Comment raconter, d'une seule voix, l'évolution qui a abouti à une société « antillaise » ou « créole » contemporaine ?

La chanson guadeloupéenne qui se moque de l'assimilation annonce avec humour et bonne humeur une désolante réalité : tout a changé et rien n'a changé, tout est différent et tout est pourtant tristement similaire. Selon que l'on parle créole ou que l'on écrit en français, selon que l'on s'adresse à un public créolophone ou francophone ou bilingue, le changement intervenu sera tour à tour considéré comme néfaste ou bénéfique mais aussi comme évident ou inexistant. Les Antilles sont désormais des départements d'outre-mer et devraient donc bénéficier des mêmes avantages sociaux et économiques que tous les départements métropolitains. Toute Guadeloupéenne voyage avec un passeport français, tout Martiniquais a accès à l'enseignement libre, gratuit et obligatoire. Mais la langue créole semble savoir que le fossé économique et idéologique entre la France et les îles n'a pas été comblé et que la différence entre la Métropole et ses anciennes colonies se décline toujours en termes d'infériorité ou de privilège. L'écart entre le « Français moyen » de notre imagination et les habitants des départements d'outre-mer est reproduit au sein des populations guadeloupéennes et martiniquaises : l'idéologie qui sépare les Blancs et les Noirs survit dans la langue créole qui témoigne du fait que les échelles de valeurs raciales se sont raffinées et complexifiées sans oublier complètement l'opposition simpliste entre Blanc valorisé et Noir opprimé. Aux Antilles, certains ont des « vié chivé » d'autres de « bel chivé », selon que les cheveux seront plus ou moins conformes au modèle occidental. Traiter quelqu'un de « nèg congo » n'est pas une référence géographique et n'a rien d'un compliment. La couleur de peau fait l'objet de descriptions infiniment nuancées, mais cette abondance de vocabulaire n'est pas seulement l'équivalent du phénomène linguistique qui nous oblige à traduire par « neige » la douzaine de mots différents que les Eskimos utilisent pour décrire des différences dont nous ne nous servons pas. Il semble en effet que les couleurs sont toujours porteuses de jugements de valeur implicites qui profitent aux teintes claires. Inversement, on peut s'indigner et s'amuser tout à la fois du fait que la radio et la presse « nationales » s'obstinent à annoncer que le 21 mars est le début du printemps lorsque les auditeurs ou les lecteurs habitent une région tropicale où la même température règne toute l'année[2]. D'un point de vue économique, on peut aussi se demander pourquoi les offres d'emploi semblent exprimer une préférence très nette pour les « métros » qui parfois viennent tout juste d'arriver, ou pourquoi les détentrices d'un CAP de coiffeuse se retrouvent engagées comme bonnes à tout faire chez les « dames » de Marseille[3].

Au début de son livre *Le Discours antillais*, Édouard Glissant nous avertit que l'Histoire officielle, celle que l'on apprend à l'école et que l'on diffuse par livres ou médias interposés, n'est qu'un « leurre chronologique »[4].

Il est possible de réduire notre chronologie à un squelette de « faits », n'importe lesquels. Par exemple :

1502	« Découverte » de la Martinique par Christophe Colomb.
1635	Occupation par les premiers colons français. Début de l'extermination des Caraïbes. Début de la traite des Africains.
1685	Établissement du Code noir par Colbert.

---

2. Dans un des chapitres du *Discours antillais* intitulé « le vécu antillais », Glissant propose ainsi au lecteur une collection d'aberrations qui, lorsqu'on les réunit en un florilège dérisoire, se transforment en parodie de l'aveuglement du système. Glissant cite ainsi un journaliste de FR3 qui précise que « l'hiver guadeloupéen est très doux entre 20 et 25 degrés » (123). Prudemment, l'auteur ajoute : « Il n'y avait là ni humour ni plaisanterie » (123). Le commentaire de Glissant s'impose d'ailleurs dans la mesure où seul son principe de collection met en lumière le côté ridicule d'informations que nous risquons de ne jamais relever tant elles paraissent « naturelles ».

3. Dans le premier chapitre de l'étude de Julie Lirus, *Identité antillaise*, l'auteur accumule soigneusement les exemples, parfois pathétiques, parfois dérisoires, de ce genre de décalage. Le roman épistolaire de Françoise Ega, *Lettres à une Noire*, a pour héroïnes ces « filles de mon pays » que la narratrice martiniquaise suit, indignée, de maison en maison pour tâcher de les soustraire à ce qui est pour elle une nouvelle forme d'esclavage.

4. Édouard Glissant, *Le Discours antillais*, Paris, Seuil, 1981 (27).

1763	Louis XV cède le Canada aux Anglais, et garde la Guadeloupe, la Martinique et Saint-Domingue (Haïti).
1789-97	Occupation de la Martinique par les Anglais.
1848	Abolition de l'esclavage.
1902	Éruption de la Pelée. Destruction de Saint-Pierre.
1946	Départementalisation.
1975	Doctrine de l'assimilation « économique ».

Une fois ce tableau chronologique dressé, complété, tout reste à débrouiller de l'histoire martiniquaise.

Tout reste à découvrir de l'histoire martiniquaise de la Martinique (*Discours antillais*, 27).

On peut collectionner les dates, opérer un recentrage autour d'une unité géographique donnée (la Martinique, ou la Guadeloupe, ou les Antilles). Cette démarche renverse la tendance de tous les textes qui ont fait des « colonies » des appendices marginaux voués au silence, mais, comme le soupçonne Glissant, ce changement de perspective ne résout pas les problèmes de traduction soulevés par la chanson en créole qui dénonce une assimilation illusoire. Réécrire l'histoire de la Martinique sur le même modèle que l'histoire de la « France » remplacera une voix centralisatrice par une autre et ne rendra pas compte de la façon dont tous ceux et toutes celles qui ont réussi à faire advenir un changement s'y sont pris. Les dates sont le symbole d'un moment où il est impossible de ne pas admettre que quelque chose, quelque part, a changé. Mais la sélection de dates, pour importante qu'elle soit, ne nous renseigne pas sur la façon dont on peut raconter une histoire qui ne serait pas, de toute évidence, au service des forces qui tendent à maintenir un statu quo.

Aux Antilles, peut-être plus que partout ailleurs, lorsqu'on parle de son « pays » (et le mot reste ambigu), on risque de ne parler qu'au nom d'une race en particulier, au nom d'une cause politique, au nom d'une libération ou au nom d'une domination. Tout énoncé sera immanquablement utilisé par les uns ou par les autres, tout texte sera accepté ou rejeté au nom de critères à la fois esthétiques et politiques. Et même lorsqu'on est conscient d'écrire dans un contexte où « l'esthétique » et la « littérature » ne pourront pas servir de paravent, il reste à admettre que toute version de l'histoire peut être utilisée par certains lecteurs ou critiques, indépendamment, non seulement des intentions de l'auteur, mais aussi du message apparemment explicite du texte.

Par exemple, rappeler avec insistance l'influence du passé esclavagiste peut servir à opposer le présent au passé en termes optimistes. Il n'y a certes plus d'esclaves en Martinique et Guadeloupe. Mais pour les Antillais contemporains, n'est-il pas plus urgent d'insister au contraire sur ce qui n'a pas changé, sur le fait que le rapport de forces entre la race noire et la race blanche reste marqué par un passé relativement récent, que de formidables problèmes économiques et sociaux étouffent les îles et les empêchent de se constituer en populations harmonieuses ? Stratégiquement, il est souvent utile d'affirmer que rien n'a changé, que de nouvelles modifications sont indispensables et urgentes. Mais rend-on justice à ceux et celles qui sont déjà intervenus dans le sens du changement lorsqu'on est obligé de constater que, tout compte fait, rien n'a vraiment changé ? Par exemple, continuer à parler de colonisation à l'époque actuelle peut avoir une efficacité polémique et politique remarquable mais, ce faisant, ne risque-t-on pas d'étouffer aussi une autre voix de l'histoire des Antilles : ne nie-t-on pas l'importance des combats acharnés et héroïques des « nègres marrons », mais aussi des millions de petites négociations quotidiennes qui ont réussi, à un moment donné, à s'accumuler pour produire un effet combiné ?

Il est impensable de ne pas se réjouir du moment historique où l'esclavage devient illégal. Mais lorsqu'on tente d'écrire l'histoire de l'abolition de l'esclavage, on ne peut pas se contenter de commémorer dans l'abstrait un moment historique qui n'est pas survenu par hasard. Et les stratégies d'écriture des historiens risquent de reproduire ou de perpétuer des schémas de pensée susceptibles d'opprimer les Antillais contemporains. On peut considérer par exemple que l'abolition de l'esclavage a été obtenue grâce à l'action politique menée en

Métropole par Victor Schoelcher et les groupes anti-esclavagistes. Mais faire de l'abolition le résultat de l'avènement de
la IIᵉ République et du travail acharné de Schoelcher revient
à entériner le mythe selon lequel le peuple antillais se serait
vu octroyer sa liberté sans s'être battu pour elle. On aurait
beau jeu de soupçonner les Antillais d'une forme de passivité que l'on opposerait à la détermination des peuples africains qui ont conquis leur indépendance de haute lutte pendant la décade des indépendances. Ceci dit, même cette soi-
disant « passivité » pourrait être réattribuée au colonisateur si
on la perçoit comme le résultat inévitable d'un long processus d'aliénation dont les Antillais sont toujours les victimes.

Pourtant, l'on peut aussi s'insurger contre une telle version de l'histoire et s'indigner de ce que la statue du « libérateur » qui orne les jardins du palais de justice de Fort-de-
France fasse de l'ombre à tous les « nègres marrons » qui se
sont rebellés contre leur condition : on pourrait écrire une
autre histoire de l'abolition en soulignant le rôle crucial des
révoltes d'esclaves qui ont, selon d'autres historiens, contribué beaucoup plus efficacement que Schoelcher aux revire-
ments politiques de la Métropole en rendant la colonie de plus
en plus instable et improductive. Je ne pose pas ici le problème de la réalité de ces « faits » que Glissant met entre guillemets, mais je me demande dans quelle mesure chacune de
ces versions de l'Histoire peut servir à une communauté, ou
se retourner contre elle. Peut-on mettre au service du changement des textes qui, apparemment, ne se prêtent qu'à une
vision conservatrice de l'Histoire ? Il est vrai qu'en insistant
sur le rôle joué par Schoelcher, on minimise le courage et
la résolution des esclaves décidés à donner leur vie pour faire
changer le système qui les opprimait. Mais par ailleurs, on
peut aussi se servir de cette version des faits pour faire remarquer que si seule une voix venue de la Métropole a pu avoir
un effet appréciable, la preuve serait faite que le système esclavagiste était tellement violent qu'il parvenait, à coups de tor-
tures et de sévices, à éliminer totalement toute tentative de
rébellion efficace.

Si un texte historique est nécessairement polémique dans
ce contexte et qu'il a pour but de se mettre au service d'une

cause ou du moins d'une certaine vision de l'Histoire, il faut peut-être admettre qu'un auteur ne peut pas éviter d'être un jour ou l'autre trahi par ses propres récits. Comment peut-on par exemple préserver ou remettre en valeur un « patrimoine » antillais ? Doit-on faire entrer dans les musées antillais tous les personnages qu'un hasard historique a fait naître sur une île, même si leur vie et leur œuvre représentent désormais les valeurs d'un passé haï ? A qui le musée de la Pagerie, qui immortalise les vestiges de l'habitation de la famille de Joséphine de Beauharnais, profite-t-il ? Quelle leçon d'histoire, quel savoir, une telle entreprise véhicule-t-elle ? Quel modèle le personnage de Joséphine peut-il offrir aux jeunes Antillaises d'aujourd'hui ? Situé au sud de la Martinique, ce musée évoque à la fois la richesse des grandes familles de colons et les conditions de travail des esclaves. Doit-on supposer que cette exposition est au service de la mémoire des Beauharnais quoiqu'elle ait également les vertus « pédagogiques » de tous les musées modernes d'anthropologie (des panneaux expliquent aux visiteurs en quoi consistait la fabrication du sucre et la culture du manioc) ? Lors d'une visite, en 1990, j'ai suivi notre guide martiniquaise de bâtiment en bâtiment. Et lorsque nous sommes arrivés dans une pièce où sont exposés le lit de Joséphine et les colliers de fer que portaient les esclaves, une des touristes qui faisaient partie du groupe a demandé : « Mais enfin, est-ce que les esclaves étaient vraiment si malheureux ? »

Comment répondre à une question rhétorique qui implique une réponse radicalement différente de ce qui, à d'autres, semblera être une évidence ? Pourquoi le sort des esclaves reste-t-il susceptible de telles questions à l'endroit même où les conditions dans lesquelles ils vivaient sont détaillées sur des panneaux soigneusement composés ? Faut-il accuser la touriste d'ignorance criminelle et de naïveté insupportable, ou se demander pourquoi, en toute « bonne foi », elle tient à idéaliser le passé ?

Lorsque les Martiniquais font des efforts pour préserver leur patrimoine, quel lien le tourisme entretient-il avec une certaine histoire ?[5] J'ai repensé à la question de la femme blan-

---

5. La critique du tourisme a déjà été faite, aussi bien par les intellectuels occidentaux qui se moquent des Bidochon en vacances que par les auteurs des Caraïbes

che en visitant la plantation de Leyritz, une propriété du XVIIIᵉ siècle qui est devenue un hôtel trois étoiles. La « Rue Cases-Nègres », soigneusement restaurée, a été transformée en petits bungalows confortablement aménagés. Si l'hôtel n'existait pas, il ne survivrait sans doute aucun témoignage de cette rangée de cases en briques couvertes de chaume, mais pour faire parler le passé, pour le rendre accessible aux métropolitains qui se sont contentés, sans trop de schizophrénie, de « nos ancêtres les Gaulois », ne reste-t-il donc que la solution de leur donner l'image de petites maisons individuelles avec vue sur la mer ?

D'un autre côté, peut-on refuser d'accorder un soutien moral et financier à toute œuvre ou manifestation artistique qui voudrait célébrer la mémoire d'un Blanc plus ou moins colonialiste associé avec les Antilles ? Doit-on boycotter la mémoire de Napoléon, mais aussi celle de Schoelcher ou de Saint-John Perse ?[6] Faut-il regretter que le maire de Saint-Pierre cher-

---

qui voient leur pays réduit à un « décor » comme l'écrit Glissant dans *Poétique de la Relation*. Souvent, le touriste n'a pas le temps de penser que l'Antillais souhaite « avoir quelque chose à échanger qui ne soit pas le sable et les cocotiers, mais le résultat de notre activité créatrice (...) » (Glissant, 1990, 167). Dans ce domaine, toutes les Antilles (francophones, anglophones, hispanophones ou néerlandophones) sont logées à la même enseigne. Dans *A Small Place*, Jamaica Kincaid n'a pas de mots trop durs pour fustiger le touriste, cet être humain qui se transforme en animal abject et « hideux » dès qu'il pose le pied sur une île tropicale. Dans le recueil de Michelle Cliff, *The Land of the Look Behind*, et notamment dans le poème intitulé « Make It Your Own », le « touriste » est un imbécile bien intentionné dont on rapporte les paroles mais à qui on ne se donne même pas la peine de parler : « But it's so beautiful more than I expected /but so sad/and too poor. How can you stand to be so poor ? » (« Mais c'est si beau — plus beau que je ne l'imaginais/mais si triste/et trop pauvre. Comment supportez-vous d'être si pauvres ? ») (Cliff, 1985, 81, je traduis). Je me demande comment on pourrait désormais théoriser le visiteur ou la visiteuse autrement que comme un « touriste » qui contribue à l'entreprise de « prostitution » (« whoring ») que dénoncent les personnages de *No Telephone to Heaven*. Est-ce que le tourisme cesse de fonctionner comme une forme de « prostitution » si le passager ou la passagère qui débarque dans une île recherche, *a priori*, autre chose que les cocotiers et les plages ?

6. Même cette façon d'opposer l'héritage culturel des « populations noires » à celui des « populations blanches » simplifie grossièrement le problème. Dans un article intitulé « Is Ethnicity Obsolete ? », Ishmael Reed se joue de cette distinction, redéfinit la notion de métissage et en tire d'intéressants parallèles en ce qui concerne sa propre identité et celle du romancier Chester Himes : il fait remarquer que si « Alex Haley avait remonté son arbre généalogique, il se serait retrouvé, au bout de douze générations, non pas en Gambie mais en Irlande » (Reed, 227, je traduis). Ceci dit, après nous avoir convaincus de l'évidence de cette remarque, il nous raconte

che à faire sortir du passé les vestiges d'une ville détruite par le volcan en soutenant que la Pelée a symboliquement recouvert de cendres l'arrogante capitale de la domination française aux Antilles ? Toute tentative de libération risque-t-elle toujours de se retourner contre un « peuple » antillais de moins en moins sûr de son identité ? Qui sont les ennemis ou du moins les adversaires ? Comment les reconnaître quand on ne sait pas qui est semblable et qui est différent ?

Ce livre s'attachera à examiner la façon dont de telles contradictions s'expriment lorsqu'un écrivain s'efforce de décrire ce qui est, pour le meilleur ou pour le pire, une réalité antillaise, ancrée dans le présent ou enchâssée dans une histoire qui reste à réécrire. Il est d'usage de critiquer les formes de rébellion qui reproduisent les tactiques du pouvoir, surtout dans un contexte esclavagiste où la violence des maîtres blancs dépassait l'imagination. Les rebelles noirs ont très vite eu à souffrir des choix extrêmes qu'ils ont été amenés à faire. La violence de la révolution de « Saint-Domingue » a été perçue en France métropolitaine comme la justification du système esclavagiste, comme la confirmation que tous ces esclaves étaient des monstres assoiffés de sang. Je me demanderai d'une part quelles tactiques d'opposition risquent, parce qu'elles sont trop semblables aux moyens qu'utilise le pouvoir, de saboter complètement la tentative de changement, mais aussi dans quel cas l'opposition mimétique qui reprend les mêmes armes que l'adversaire peut aboutir à d'étranges renversements de situation. Je chercherai notamment à démontrer que c'est en reprenant à leur propre compte les préjugés de l'adversaire que

---

aussitôt que lorsqu'il a fait remarquer à un collègue, spécialiste d'études celtes, qu'il était lui-même un « Irish-American », le personnage en question n'a pu se retenir de rire. Et Reed de remarquer tristement qu'il s'agissait là d'un « intellectuel » employé par une université prestigieuse, au-dessus de tout soupçon. Le fait que toute culture soit le résultat d'un syncrétisme n'a pas servi à revaloriser tous les héritages. Et lorsque M. Savage, le héros jamaïcain de *No Telephone to Heaven*, cherche à tirer parti de sa peau claire, il utilise lui aussi la stratégie de Reed, mais dans le but inavouable de masquer la partie de son héritage qu'il voudrait tant désavouer : il invoque immanquablement ses ancêtres, propriétaires de plantations, que l'on suppose, naturellement, aristocrates, riches, et blancs.

les Antillais ont parfois réussi non seulement à faire ressortir les contradictions du système qui les opprimait, mais aussi à se faire entendre dans un contexte où leur voix était mise hors-la-loi.

Le premier chapitre de ce livre parlera donc de silence et de bruit, d'opposition et de résistance, de stratégies et de tactiques. En reprenant certaines des thèses de Michel de Certeau et de Jean-François Lyotard, je chercherai à savoir en quoi consiste l'opposition aux Antilles et quelles compétences sont requises des lecteurs qui voudront se mettre à l'écoute d'un discours minoritaire.

Dans le deuxième chapitre, je me demanderai en quoi « l'héroïsme » et la tentation du suicide représentent une forme de résistance spécifiquement antillaise, et particulièrement dangereuse. Aux héros comme Le Rebelle de Césaire ou Delgrès, j'opposerai les tactiques de survie de Tituba, la « sorcière noire de Salem », ou des femmes qui peuplent l'univers de *L'Isolé Soleil* de Daniel Maximin ou de *Pluie et vent sur Télumée Miracle* de Simone Schwarz-Bart.

Le quatrième chapitre sera consacré à une étude des problèmes que pose « l'exil » pour les Antillais, mais aussi des solutions que constituent les conduites de détour ou de retour.

Ceci m'amènera à analyser la question de l'« assimilation » que la littérature antillaise exprime souvent par l'intermédiaire de métaphores alimentaires frappantes. Les images d'avalement et de rejet, de gonflement et de vomissures qui abondent dans la poésie de Césaire ou dans les textes du début du XXᵉ siècle serviront de point de départ à une réflexion sur l'ambiguïté de ce phénomène culturel particulièrement délicat.

Le dernier chapitre sera consacré à une étude du métissage. Le métis ou la métisse est ce creuset idéologique où se concentrent tous les problèmes posés par la rencontre du Même et du Différent, du dominant et du dominé, de l'homme et de la femme. Mais le personnage de la mulâtresse Solitude peut aussi nous faire espérer que le métissage est également une tactique, ou du moins une forme d'intelligence, de vigilance et de savoir-faire qui saurait tenir compte des contradictions et des ambiguïtés auxquelles la présente étude ne manquera pas de se heurter.

1

Le canon imaginaire

Autodescription comme autodestruction

Et pourtant elle tourne...

1. La « littérature antillaise » sous rature

« La littérature antillaise n'existe pas. » Voilà comment, pour finir, j'aurais voulu commencer ce chapitre. Car pour le dire efficacement, il aurait précisément fallu ne pas le dire, ne rien dire du tout. Si aucun discours, jamais, ne parle de la littérature antillaise, elle n'existe pas. Au contraire, si j'écris que la « littérature antillaise n'existe pas », je la sors de l'inexistence.

Pourtant, si je pense, si j'écris « la littérature antillaise n'existe pas », je soupçonne d'abord mon énoncé de faire partie d'un discours auquel, dans son ensemble, je souhaite m'opposer. J'imagine que si un critique de langue française écrit : « la littérature antillaise n'existe pas », sa formulation lui attirera sans doute des réactions violentes. Elle sera interprétée comme un jugement de valeur défavorable à toute une catégorie de textes écrits en langue française, comme un refus scandaleux de reconnaître à l'œuvre de Césaire, Condé, Fanon, Glissant, Maximin ou Schwarz-Bart, soit une valeur littéraire, soit une spécificité antillaise. Ce jugement sera considéré comme un choix doublement conservateur : en insistant sur le mot « littérature », on pourra d'abord reprocher à la formulation de se montrer servilement fidèle au canon qui choisit les « grands » textes français au nom de critères soigneusement passés sous silence. Si l'on insiste sur l'adjectif « antillaise », l'opinion sera soupçonnée d'assimilationnisme puisqu'elle tend à nier la différence des Antillais(es), différence revendiquée depuis le début du siècle par les théoriciens de la « négritude » (Césaire, Fanon), puis de « l'antillanité » (Glissant) ou de la « créolité » (Chamoiseau, Barnabé, Confiant)[1]. En effet, la proposition fait preuve d'une volonté de tout ramener au Même, à l'Un de la littérature métropolitaine conçue comme littérature française. Ainsi interprétée, la formule « la littérature antillaise n'existe pas » paraît être l'expression d'une volonté d'exclusion et d'inclusion autoritaire de certains textes (inclusion dans un canon soi-disant universel et exclusion d'un canon spécifique), mais cette volonté se fait passer pour la description d'une « réalité ». Cette réalité, une fois créée, est ensuite en général utilisée comme un argument, une « preuve » du manque de « culture », « d'éducation », de « civilisation » que l'on s'empresse de reprocher aux Antillais(es) alors même qu'on vient d'empêcher leurs tex-

---

1. Les trois termes « négritude », « antillanité » et « créolité » peuvent être considérés comme les avatars successifs d'une quête de la différence (et donc de l'identité) qui amènent les auteurs à théoriser de plus en plus précisément leur rapport avec une certaine idée du culturel. On peut ajouter à cette série le terme de « créolisation » que Glissant propose dans *Poétique de la Relation* dans l'espoir d'éviter que cette recherche ne se fige en universalisation : « la ''créolité'', dans son principe, régresserait vers des négritudes, des francités, des latinités, toutes généralisantes — plus ou moins innocemment » (Glissant, 1990, 103). Ce rapport exige visiblement l'introduction de formes de pensées spécifiques que l'on découvre sous des formes légèrement différentes chez des auteurs antillais ou africains. Il serait par exemple utile de comparer ce que Glissant appelle la « Poétique de la Relation » et la notion d'écart que Mudimbe utilise dans *L'odeur du Père*. Les deux modèles s'attachent à décrire ou inventer des formes de liens, de mises en contact entre les éléments fortement hiérarchisés par une réalité historique de domination.

tes de faire partie du patrimoine littéraire. La formule est donc indésirable, elle est agressive, elle constitue une tentative de dépossession et incite le lecteur ou la lectrice à réagir. Pourtant, elle est redoutablement efficace car elle invite les contradicteurs à céder à la tentation d'affirmer, qu'au contraire, « la littérature antillaise existe ». Or, cette stratégie est dangereuse parce que pour démontrer la seconde proposition (« la littérature antillaise existe »), on est amené à critiquer la première proposition en des termes qui sabotent l'existence logique de la seconde.

En effet, pour résister aux deux allégations sous-entendues par la proposition « la littérature antillaise n'existe pas », on peut envisager de recourir à une tactique unique : pour souligner et la spécificité de la littérature antillaise et la valeur littéraire universelle des textes que l'on souhaiterait faire lire à un public non initié, il faudrait sans doute utiliser les mêmes arguments que lorsqu'on souhaite inclure dans le canon « universel »[2] les textes que l'histoire littéraire a rayés de ses cadres. Dans le cas des Antilles, s'opposer à l'extrême marginalisation ou l'exclusion pure et simple des textes de Césaire, Glissant, Schwarz-Bart et Condé, c'est s'inscrire au sein d'un mouvement littéraire qui propose d'ouvrir le canon dans tous les domaines où le patriarcat occidental a fait œuvre d'exclusion au nom du bon goût. La démarche qui consiste à analyser les critères de formation du canon relativise alors l'autorité qui s'emploie à le maintenir en vigueur et permet de suggérer que s'il n'y a pas de littérature antillaise c'est en fait parce qu'elle a toujours été mise à l'écart, privée du droit de cité littéraire. La mise en évidence des facteurs sociaux, économiques et politiques implicites qui expliquent l'admiration soi-disant universelle dont certains « chefs-d'œuvre » font l'objet, remet en cause le côté évident, « naturel », du corpus littéraire, et a permis d'obtenir des résultats dans certains domaines : on assiste désormais à une relative revalorisation de textes dits de « femmes » ou de « minorités ».

---

2. Par « canon universel », j'entends donc le corpus cautionné par le pouvoir qui contrôle un espace donné à un moment donné. Ce pouvoir se manifeste par une sorte d'obsession pour les mêmes textes et s'exerce par l'intermédiaire des réseaux de distribution, de publication, par l'enseignement, etc.

Mais le fait de démontrer l'existence d'un phénomène d'exclusion ne fournit pas nécessairement les outils conceptuels qui permettraient d'analyser la catégorie contre laquelle le canon a sévi. Car s'il est possible de démontrer que la formule « la littérature antillaise n'existe pas » est l'expression d'un désir d'exclusion/inclusion qui se fait passer pour la description d'un état de fait, on se prive des moyens de prouver efficacement que « la littérature antillaise existe » puisque l'on vient de donner à un contradicteur éventuel les arguments qui lui permettraient de dire que la formule inverse constitue elle aussi un désir (d'une autre forme d'inclusion/exclusion) qui se fait (lui aussi) passer pour une « réalité ». Montrer que les romans de Simone Schwarz-Bart n'apparaissent pas dans les anthologies censées représenter la littérature du XXᵉ siècle, montrer que les poèmes de Césaire n'y figurent que marginalement, dénonce l'exclusion mais ne suffit pas à faire la preuve que ces textes constituent une « littérature antillaise ». S'en tenir à la défense des textes d'expression française susceptibles d'être publiés dans de telles anthologies reviendrait de plus à se laisser piéger par une définition implicite à laquelle je ne veux pas souscrire (la littérature antillaise coïnciderait apparemment avec la langue française). Le fait que les textes soient écrits en français n'est en aucun cas un critère nécessaire et suffisant pour représenter une « littérature antillaise ». Il est au contraire crucial de garder présent à l'esprit que la langue française n'est qu'un des moyens de communication employés par la culture créole. Mais les textes d'expression française sont en général les seuls qui soient réappropriés (et marginalisés) par le canon « français » (c'est-à-dire métropolitain).

Le problème d'une telle activité de résistance est qu'elle prétend reconnaître à l'avance le groupe qui a été la victime de l'oppression (« les femmes », « les minorités », « la littérature antillaise ») alors que les *effets* de cette oppression se manifestaient précisément par une absence, un manque de présence, un manque de territoire, un manque d'être.

Dans le cas des « femmes », l'inclusion des textes dans le canon se base presque intuitivement sur une reconnaissance essentialiste des textes écrits par des femmes (même si la définition biologique du féminin est par ailleurs contestée par la plupart des théories féministes), dans le cas des « minorités », on s'en tient souvent à une approximation poétique d'une théorie raciale mise désormais au service des textes des « minorités » (c'est le cas de ce qu'on appelle dans certains cas la « littérature noire » ou « littérature négro-africaine » ou « littérature beur »). Or, dans le cas de la littérature antillaise, les « approximations » que suppose cet acte de reconnaissance (au double sens d'identification et d'appréciation) ne sont ni utiles ni même souhaitables. Les critères de race, de nation, d'histoire, de géographie ou même de langue se révèlent tous parfaitement inadéquats dans le cas des Antilles[3].

En effet, jusqu'ici, j'ai fait comme s'il était évident que sous l'étiquette « littérature antillaise » se rangeaient automatiquement *Ti-Jean l'horizon* ou *Pluie et vent sur Télumée Miracle* ou *Cahier d'un retour au pays natal* ; j'ai fait comme si les textes de Glissant s'inséraient tout « naturellement » dans la même catégorie. Mais cette évidence ne relève pas d'une taxinomie qui justifierait la formation d'un canon : lorsqu'on s'attache à démontrer qu'une « littérature » a été victime d'un phénomène d'exclusion, il est tentant de lui donner une « identité », de la reconnaître selon les critères que le canon a utilisés pour l'exclure. Je me suis donc au contraire gardée d'invoquer les notions de littérature nationale, ou de littérature décolonisée, ou de littérature noire ou de littérature du nouveau monde, pour ne pas recréer une catégorie aussi arbitrairement définie que les autres. La première étape de ce travail consistera au contraire à admettre que les critères manquent totalement pour décrire la « littérature antillaise ».

Les sociologues et les littéraires (souvent occidentaux) n'ont certes pas manqué qui se sont efforcés de déterminer, non

---

3. Dans *Lettres créoles,* Chamoiseau et Confiant refusent ouvertement ces catégories et, reprenant la formule de Césaire, invitent les lecteurs à les « marronner » : « Oh, les docteurs ont sévi, ils l'ont nommée littérature négro-antillaise, littérature des îles, littérature noire d'expression française, littérature afro-antillaise... ». Les deux auteurs interprètent cette manie de la catégorie (à laquelle, bien sûr, nulle nomination n'échappe pourtant) comme un désir de tuer le « Divers ». « Appelle-la simplement *littérature créole* », proposent-ils pour finir. Mais déjà, la créolité et la créolisation se regardent de travers, avant que de nouvelles écritures, de nouvelles pensées, ne proposent d'autres noms.

pas un canon, mais les conditions qui présideraient à la formation du canon antillais. Par exemple Jack Corzani, dans un article intitulé « Problèmes méthodologiques d'une ''histoire littéraire'' des Caraïbes », accumule un nombre impressionnant de critères au nom desquels il serait possible d'établir « le corpus littéraire proprement dit » (Corzani, 1985, 38) : « authenticité », « hétérogénéité », « homogénéité », « définition d'un peuple », « projets d'unification », « textes initiateurs » ou « fondateurs », littérature « marginale » qu'il faudrait « recentrer », etc. Cette liste de directions de recherche n'aboutit jamais à la proposition d'un canon mais souligne qu'aucune autorité centralisante n'a réussi jusqu'à présent à légitimer un canon unique.

D'autre part, certains critiques antillais s'insurgent violemment contre la tendance à réifier les Antilles en les transformant en sujet d'étude : Dany Bebel-Gisler commence son livre *La langue créole, force jugulée* par le procès de toutes les formes de discours qui ont les Antilles pour sujet. Elle dénonce la carence en matière de recherche (la recherche française est particulièrement visée) mais au moment où il semble évident qu'elle préconise le développement d'une telle recherche, elle se met à critiquer violemment celle qui existe déjà (notamment celle de l'école canadienne). Les vingt premières pages du livre donnent l'impression désespérante que tout discours et tout silence risquent d'osciller (comme celui de Jean Benoist, particulièrement visé) « entre le voyeurisme et la pédagogie » et de « rendre un culte castrateur à ce peuple antillais constitué en objet de science » (Bebel-Gisler, 20).

Et face à ce refus de se voir approprié par le discours dominant, il ne reste souvent que le recours à une autodescription négative et réactive. Le mouvement de la négritude revendiquait une non-francité, puis leurs détracteurs (y compris Glissant) ont revendiqué une non-africanité, et en 1989, l'*Éloge de la créolité* commence par la « définition » suivante : « Ni Européens, ni Africains, ni Asiatiques, nous nous proclamons créoles » (Bernabé, 1989, 13).

A en juger par ces recherches qui multiplient à l'infini les critères possibles que l'on pourrait utiliser pour établir « le corpus littéraire proprement dit », ou qui récusent la légitimité des recherches faites sur les Antilles, ou qui proposent des définitions négatives de ce que les Antilles ne sont pas, cette forme de critique est piégée parce qu'elle se voit obligée de se chercher indéfiniment une méthodologie qui justifierait le choix des textes analysés. On dirait qu'un consensus manque à partir duquel pourraient se dessiner des désaccords, on dirait que personne ne reconnaît, même implicitement, la présence d'une autorité unifiée susceptible d'énoncer le corpus légitime.

Admettre ouvertement cette absence, même approximative, de critère de classement est donc un *défaut* critique, un premier *manque*, et le fait de vouloir fonder une série de lectures sur un manque (de définition, de frontières, de critères) peut paraître paradoxal. Or, je voudrais effectivement partir de ce manque, de cette absence de repères pour donner à voir, à imaginer, une vision de ce que peut *faire* une littérature spécifiquement « antillaise » *au moment où on la lit*. Il ne s'agit pas ici d'opposer une pensée occidentale à une pensée antillaise qui, par exemple, ne reposerait pas sur ce que Derrida appelle une métaphysique de la présence. Il ne s'agit pas non plus d'inventer un système binaire où la « mythologie blanche » serait le contraire d'une mythologie « antillaise » fondée sur l'absence. Je voudrais simplement souligner le fait que ce travail sera toujours en décalage par rapport à la notion de définition et d'origine : le plus souvent, chercher à repérer quelles sont les formes d'opposition que la littérature « antillaise » utilise contre l'inclusion et l'exclusion autoritaires dont elle fait l'objet revient à *parier* sur la possibilité de faire reconnaître, de faire exister, ce que l'on ne voit pas, ce que l'on n'entend pas, ce à quoi on n'a pas accès. D'une certaine manière, il faut parier que la « littérature antillaise » a un *différend* avec le canon.

2. Le silence du différend ?

Lyotard propose d'appeler « différend » une situation qui installe le silence, l'absence au sein d'un espace discursif :

« Dans le différend, quelque chose ''demande'' à être mis en phrases et souffre du tort de ne pas pouvoir l'être à l'instant »[4]. Il distingue la notion de « tort » et celle de « dommage », et propose d'appeler un « tort » le dommage qui s'accompagne de la perte des moyens de prouver le dommage. Les exemples que Lyotard choisit d'analyser ont tous la même structure : il s'agit d'une situation où une victime et son oppresseur se trouvent, au cours du procès qui les oppose, enfermés dans un « dilemme » au sens philosophique du terme :

> Ou vous êtes victime d'un tort, ou vous ne l'êtes pas. Si vous ne l'êtes pas, vous vous trompez (ou vous mentez) en témoignant que vous l'êtes. Si vous l'êtes, puisque vous pouvez témoigner de ce tort, celui-ci n'est pas un tort, et vous vous trompez (ou vous mentez) en témoignant que vous êtes victime d'un tort. [...] Les Anciens nomment cet argument un dilemme (Lyotard, 19).

Le dilemme empêche la victime de formuler le dommage qu'elle a subi de façon à se faire entendre par la logique qui préside au discours du procès, si bien qu'elle n'a aucune chance d'obtenir réparation. Et le plus souvent, le débat tourne autour de la difficulté à faire la preuve de *l'existence* d'un phénomène dont les un(e)s perçoivent qu'il est occulté, tandis que les autres prétendent qu'il a été inventé de toutes pièces par de soi-disant victimes affabulatrices. Lyotard prend l'exemple d'un discours qui soutient que les chambres à gaz n'ont jamais existé et montre avec brio que les conditions que ce discours requiert, pour se laisser convaincre de « l'existence » de ce qu'il nie, constituent les bases d'une tactique rhétorique absolument imparable : si le seul témoin dont on accepte qu'il est digne de foi est un témoin oculaire victime des chambres à gaz (donc mort), alors, quiconque veut « prouver l'existence des chambres à gaz » est d'avance exclu par les règles du procès. « L'existence » ne se prouve pas. Le même raisonnement peut s'appliquer à la « littérature antillaise » et Lyotard, en choisissant l'exemple de « l'éditeur »,

---

4. Jean-François Lyotard, *Le différend*, Paris, Minuit, 1983 (30).

nous fournit un exemple du discours que peut tenir le canon pour mettre en doute l'existence des catégories qu'il exclut :

> Pouvez-vous me donner, dit l'éditeur défendant sa profession, le titre d'un ouvrage d'importance majeure qui aurait été refusé par tous les éditeurs et serait donc resté ignoré ? Le plus probable est que vous ne connaissez aucun chef-d'œuvre de cette sorte puisque, s'il existe, il est resté ignoré. Et si vous croyez en connaître un, comme il n'a pas été rendu public, vous ne pouvez pas dire qu'il est d'importance majeure, sauf à vos yeux. Vous n'en connaissez donc aucun, et l'éditeur a raison (Lyotard, 17).

Le pari que je fais ici est qu'il est possible de faire cesser le différend en soupçonnant systématiquement que tout silence, tout énoncé ou surtout toute énonciation qui se présente comme une tentative de réduire un « autre » à la non-existence (« la littérature antillaise n'existe pas ») est un espace idéologique où quelque chose est victime d'un « tort ». Parier que la « littérature antillaise » a un *différend* avec le canon, c'est imaginer les raisons pour lesquelles elle serait dans l'incapacité de revendiquer ou de prouver son existence dans un système où l'existence, l'être, la présence sont considérés comme un attribut indispensable. De l'intérieur du canon, il est possible de nier l'existence de la littérature antillaise, de dire qu'elle n'existe pas, de la ranger dans le néant. Dans un système qui fait du canon le filtre par lequel passe la circulation des œuvres littéraires, la « littérature antillaise », pour exister, a évidemment besoin de se faire reconnaître. Le pari consiste à envisager que la littérature antillaise est enfermée dans une impossible boucle logique : avant d'exister, elle doit prouver qu'elle existe. Or comment un inexistant peut-il prouver autre chose que son inexistence, ou au contraire faire la preuve qu'il a toujours déjà existé ? En d'autres termes, comment la littérature antillaise pourrait-elle s'engendrer elle-même ? Comme la victime des camps de concentration, comme le livre resté *inédit* (synonyme révélateur de non publié), de l'intérieur du canon, la littérature antillaise n'a pas de voix, mais de l'extérieur du canon, si elle a une voix, le canon ne l'entend pas.

Pour s'opposer à la formule « la littérature antillaise n'existe pas », il faut donc éviter de se placer dans le domaine de « l'être ». Il ne faut pas essayer de savoir ce qu'« est » la littérature antillaise, il faut se demander ce qu'elle *fait*, à quoi elle tend, à quoi elle s'oppose. Car au fond, le discours de vérité qui peut se permettre d'affirmer « la littérature antillaise n'existe pas » n'est pas dangereux parce qu'il a raison ou tort, mais parce qu'il peut *s'imposer* comme la seule réalité possible. Pour s'opposer à une appropriation hégémonique de la « chose » littéraire par le discours dominant, il est possible de se préoccuper non plus de « vérité » (elle existe/elle n'existe pas : vrai ou faux ?) mais de rhétorique et de narratologie : il faut donc s'attacher à ce que fait le discours, à la *façon* dont se raconte l'histoire. En analysant la rhétorique des sophistes, en racontant ce qui se dit au cours des procès qu'il choisit comme exemple, Lyotard lui-même nous suggère cette direction d'étude. Posons que la littérature antillaise s'engendre par la prise de position qu'elle adopte vis-à-vis du discours qu'elle tient sur elle-même *pour faire advenir son existence*. Par exemple, pour reprendre les distinctions que Foucault établit dans *l'Ordre du discours*, on supposera ici que la reconnaissance de la présence-silence de la littérature antillaise est à espérer dans un espace discursif où le texte pourrait s'imposer, non pas par le contenu de son message mais par la façon dont il est énoncé ou « performé ». Pour Foucault, il y a une rupture historique entre le discours du sophiste, « discours prononcé par qui de droit et selon le rituel requis » (Foucault, 17) qui met donc l'accent sur la performance, et le discours qui apparaît un siècle plus tard et dont « la vérité la plus haute ne résidait plus déjà dans ce qu'était le discours ou dans ce qu'il faisait » mais dans « ce qu'il disait » (Foucault, 17).

> Un jour est venu où la vérité s'est déplacée de l'acte ritualisé, efficace, et juste, d'énonciation, vers l'énoncé lui-même : vers son sens, sa forme, son objet, son rapport à la référence (Foucault, 17).

L'idée de l'avènement d'un moment de « partage » que Foucault situe « entre Hésiode et Platon » n'est pas récupérable ici, à moins de trouver les moyens de préciser que la « littérature antillaise » *ne revient*, ou ne *retourne* pas à une sorte de passé originel discursif (primitif ?). Le discours occidental contemporain ne va pas *plus loin*, il n'a pas *progressé*. Plutôt que de retenir le côté évolutionniste ou au moins chronologiquement linéaire de l'analyse de Foucault, je conserverai ici sa distinction entre deux types de discours : la littérature antillaise est à imaginer comme un discours préoccupé de performance, de tactique, alors que le discours hégémonique qui la fait inexister, qui la comprend (au sens de qui l'englobe) correspondrait au discours d'après Platon, fasciné par l'énoncé plutôt que par l'énonciation. La littérature antillaise est cette chose littéraire qui a subi un tort et qui, pour espérer se faire (un jour ?) entendre, se place sous le signe de la tactique (qui, nous le verrons par la suite, est le domaine de l'avoir plutôt que celui de l'être).

La tactique est à la recherche d'une efficacité dont on peut dire qu'elle lui sert de vérité dans un contexte où elle se heurte à la difficulté d'avoir à se faire entendre d'un autre type de vérité. La tactique peut d'ailleurs être toujours lue après coup comme une décision malencontreuse, qui a abouti au contraire du résultat souhaité ; elle peut se révéler impuissante face à un (discours de) pouvoir mal identifié dans ses causes ou dans ses effets. Il n'en reste pas moins qu'elle constitue une ressource, une solution, pour une littérature qui cherche à sortir de la non-existence, c'est-à-dire qui cherche à proposer des formes d'inclusion et d'exclusion qu'elle aurait définies de l'extérieur du canon. Pour repérer cette forme de discours tactique dont je ferai la définition hypothétique de la littérature antillaise, ma propre lecture sera elle aussi tactique : je me propose de me mettre à l'écoute d'un discours tactique en recherchant systématiquement ce qui devrait normalement se manifester par un silence, se faire remarquer par son absence. Inutile de dire que mon texte, qui parle de l'intérieur du canon, ne prétend donc pas la faire « exister » mais se mettre en attente des « bruits » parfois mal identifiés, qui laissent envisager son existence.

Le bruit que j'invoque ici est le phénomène complexe que Michel Serres examine dans son livre, *Le parasite*[5] : il est cet excès de communication, par exemple ce grésillement gênant qui se surimpose à une conversation téléphonique que l'on souhaiterait claire et sans interférence. Comme le fait remarquer William Paulson, ces autres voix que nous entendons parfois quand la ligne est mauvaise, et qui dérangent notre conversation, ne sont pas nécessairement dénuées de tout sens[6]. Mais de l'endroit où nous nous situons, en tant que sujet émetteur ou récepteur, ces voix ne sont qu'un parasitage encombrant. Même si nous comprenons les mots, ces échanges décontextualisés nous paraîtront souvent grotesques et ridicules, indignes de troubler nos dialogues.

3. La tactique du « bruit »

Se mettre à l'écoute du bruit suppose donc que l'on écourte volontairement sa propre conversation, que l'on accepte une distraction, et que l'on parie sur la valeur de cette interruption. Ici, la recherche du « bruit » se veut tactique parce qu'elle est ni analyse d'un contenu sémantique, ni nécessairement analyse d'une autre chose que le contenu sémantique : si le discours tactique de la littérature antillaise parvient à faire un bruit, ces bruits seront souvent incompréhensibles, indéchiffrables pour qui les entend de l'intérieur du canon. Ces bruits pourront parfois (et ce n'est pas le moindre de leurs paradoxes) ressembler à s'y méprendre aux énoncés cautionnés par le canon.

Je parierai par exemple qu'il y a bruit lorsque les auteurs de *L'Éloge de la créolité*, manifeste lyrique dont le but avoué est de faire advenir une « créolité » encore à définir, constatent, dès la deuxième page : « La littérature antillaise n'existe

---

5. Michel Serres, *Le parasite*, Paris, Grasset, 1980.
6. Voir William Paulson, *The Noise of Culture : Literary Texts in a World of Information*, New York et Londres, Cornell University Press, 1988 (67).

pas encore. Nous sommes encore dans un état de pré-littérature : celui d'une production écrite sans audience chez elle,
méconnaissant l'interaction auteurs/lecteurs où s'élabore une
littérature » (Bernabé, 1989, 14). Je parierai qu'il y a « bruit »
lorsque Edouard Glissant, porte-parole de l'antillanité, affirme
lui aussi lors d'un entretien :

> Je ne crois pas qu'il existe encore une littérature antillaise
> au sens où une littérature suppose un mouvement d'action et
> de réaction entre un public et des œuvres produites. [...] Une
> littérature suppose un projet commun dont je pense pouvoir
> dire qu'il n'existe pas encore aux Antilles [...] (Glissant, 1986,
> 14).

Il ne sera que trop évident que le discours de Bernabé, Chamoiseau, Confiant et Glissant, dont l'intention explicite est
de faire reconnaître la valeur d'une culture orale et écrite de
la « créolité » ou de « l'antillanité », utilise justement l'argument qui, sous une forme ou sous une autre, a le plus souvent servi à justifier la dévalorisation ou l'exclusion de certains textes. Quatre écrivains publiés, qui se définissent eux-
mêmes comme créoles, qui ont déjà écrit une imposante collection de textes (antillais ?)[7] seraient-ils en train d'affirmer
ici que la « littérature antillaise » n'existe pas ?

Pourtant, une fois qu'il a fait du « bruit » et s'est imposé
à notre écoute, leur point de vue se révèle particulièrement
parlant dans ses ambiguïtés : la première citation, malgré la
simplicité apparemment évidente du message, peut être considérée comme la preuve que « la littérature antillaise » existe
puisque tout en affirmant que la littérature antillaise n'existe
pas, elle constate cependant l'existence d'une « production
écrite » et affirme que cette production (ou la littérature antil-

---

7. Bernabé est l'auteur de deux grammaires créoles (*Fondal-Natal* et *Fondas-kréyol-la*) et d'un « oratorio créole à trois voix » : « Manitoia ». Chamoiseau est plus connu pour ses romans en langue française *(Chronique des sept misères, Solibo magnifi-que).* Quant à Confiant, lui aussi romancier, il a écrit surtout des textes en créole *(Kòd Yann, Bikato-A, Marisosé).* Il est aussi l'auteur d'un roman en français *(Le nègre et l'amiral).* Quant à Glissant, je ne citerai ici que *L'Intention poétique* et *Le Discours antillais*, qui ajoutent une dimension critique et théorique à l'œuvre du romancier et du poète.

laise ?) a un « chez elle ». Les textes existent, le public existe, le « territoire » existe, mais le rapport, la relation entre les éléments manquent. Ceci suffit-il à dire que la littérature n'existe pas ? Je n'en suis pas sûre et on peut se demander pourquoi ces auteurs choisissent, pour définir la « littérature antillaise » une définition restrictive qui dessert leurs intérêts (la littérature antillaise est ici une « production écrite » lue « chez elle »). De plus, comment expliquer qu'au moment même où ils déplorent le manque d'unité entre production et réception, l'absence d'une communauté de lecteurs liée à une communauté d'auteurs, les auteurs commencent leur phrase par un « nous » qui fait allusion à la communauté soi-disant inexistante. Qui est le « nous » dans « Nous sommes encore dans un état de pré-littérature » ? Ne peut-on pas aussi s'étonner du lien intertextuel évident (est-ce un hommage discret, une réminiscence, ou justement une « pensée antillaise » ?) qui apparente la formulation de Glissant et celle, plus tardive de Bernabé, Chamoiseau et Confiant ? Comment expliquer que les deux formulations se réfèrent à la même définition de la littérature, au point d'employer presque les mêmes termes ? Le souci de « l'interaction auteurs/lecteurs », et celui du « mouvement d'action et de réaction entre un public et des œuvres produites/production », ne peuvent-ils être considérés comme un des *thèmes* de la littérature antillaise contemporaine ? Ne doit-on pas conclure que le « propre » de la littérature antillaise est d'exister là où elle ne peut pas être entendue ?

Si en tant que lecteurs et lectrices, nous renonçons à résoudre, à la place des auteurs, l'impossible logique du dedans/dehors, inclusion/exclusion qui les oblige à assigner un lieu propre à quelque chose qui « n'existe pas » et à parler d'un « nous » qui ne peut pas contenir « je » et les « autres », si, au contraire, nous cherchons à savoir ce que fait cet énoncé (dans la bouche de ces écrivains), une nouvelle voie de lecture se présente : les propos de ces auteurs sont peut-être une tactique qui cherche à mettre l'accent non pas sur ce qu'est la littérature antillaise qui n'existe pas (« encore ») mais sur ce qu'elle peut, veut ou croit faire étant donné les conditions d'écoute dont elle dispose. Il ne s'agit plus de savoir si la littérature antillaise est une littérature nationale, ou politique, ou assimilée, ou écrite en français, ou en créole, il s'agit d'abord de savoir à quoi, et à qui elle sert, c'est-à-dire, quelle est sa fonction.

Lorsqu'on parle de « fonction » plutôt que d'identité de la littérature antillaise, la formulation de Glissant et celles de Bernabé, Confiant et Chamoiseau résolvent leur contradiction interne, et donc perdent leur potentiel de friction. S'attacher à la fonction de la littérature constitue une autre tactique, celle qu'adopte par exemple Maryse Condé lorsqu'elle se charge à son tour de faire circuler le bruit que la littérature antillaise n'existe pas. Déplorant le fait que ses passages à la télévision aient fait d'elle une célébrité que l'on reconnaît dans la rue mais dont on ne connaît ni les livres ni parfois même la profession, elle constate :

> Voilà donc ce que c'est d'être un écrivain en Guadeloupe. Cela veut dire être quelqu'un qu'on ne lit pas, quelqu'un qu'on regarde, quelqu'un peut-être qu'on aime bien, puisque les paroles étaient toujours gentilles (j'aime votre voix, j'aime vous voir à la télévision). Mais si on considère que la fonction d'un écrivain, c'est écrire pour être lu, on peut se demander si ce rôle est atteint, si cette fonction est réussie. Un écrivain en Guadeloupe, c'est fait pour être regardé, c'est fait pour qu'on lui sourie, mais certainement pas pour qu'on parcoure ses livres (Condé, 1987, 19).

Parce qu'elle est plus nuancée (« on peut se demander si... »), parce qu'elle formule ses prémisses de façon plus explicite (« *si* on considère que la fonction d'un écrivain... », je souligne), parce qu'elle s'attache plus restrictivement à « l'écrivain » (plutôt qu'à la « Littérature »), qu'elle choisit de se glisser dans un espace spécifique du canon universel plutôt que de s'en exclure tout à fait, la description que Maryse Condé propose fait peut-être moins de bruit que celle de Glissant par exemple. Mais si on l'identifie cependant comme « bruit », signal d'un silence, on aura l'occasion de remarquer que les petites phrases si simples ont aussi une certaine idée de ce que veut faire une littérature antillaise. Condé déplore qu'on la reconnaisse dans la rue alors qu'on ne la

lit pas. Elle ne va donc pas jusqu'à affirmer qu'il n'y a pas
de lien entre l'écrivain et le public, qu'elle comprend sans
hésitation comme *son* public (antillais ?). Il y a donc un certain rapport entre l'écrivain et le public, mais Condé dénonce
cette forme de lien comme indésirable dans sa forme actuelle.
Au passage, le texte suggère discrètement que ce lien indésirable n'existe pas par hasard mais qu'il a été créé, « fait »
par un agent ici invisible : c'est du moins ainsi que je lis
le « c'est fait » bruyant de la dernière phrase (« Un écrivain
en Guadeloupe, *c'est fait* pour être regardé, *c'est fait* pour
qu'on lui sourie... », je souligne).

Les formulations de Glissant, Chamoiseau, Confiant, Bernabé et Condé, qui sont surprenantes parce que semblables
à ce que dit et répète le canon, sont les bruits qui signalent,
à l'intérieur de l'espace discursif où une voix monolithique
cherche à se maintenir, la tentative d'un discours réprimé pour
s'exprimer à l'aide de tactiques parfois désespérées, de tactiques qui souvent ne seront ni logiquement efficaces ni ration-
nellement convaincantes. Mais ce bruit, cette répétition déran-
geante, cette rumeur, signalent la présence d'un silence, et
justifient que le lecteur se mette à l'écoute, et fasse le pari
qu'un non-existant est réduit à l'impuissance. Dépourvu de
tout contenu sémantique typique, le bruit ne se définit pas
comme un message (fût-il subversif ou révolutionnaire), mais
comme un élément incompréhensible qui se signale à l'attention, dont on soupçonne qu'il cherche à se faire entendre.
Le bruit attire l'attention par son côté imprévisible, inattendu,
par un degré de contradiction qui évoquerait la gêne provo-
quée par un grincement, par une friction. Pour faire advenir
la littérature antillaise, bizarrement, il faut donc peut-être être
convaincu qu'elle n'existe pas mais qu'elle fait quelque chose,
qu'elle laisse des traces. Le procédé n'est pas le résultat d'une
opération logique mais d'un glissement que je vais ici proposer comme modèle oppositionnel.

4. Tactiques et stratégies

En effet, pour les critiques littéraires qui s'intéressent à la façon dont le texte produit ses effets, ces « bruits » vont avoir des conséquences inattendues : ce livre est né du pari que si la volonté de faire advenir la littérature antillaise se traduit par un énoncé de type « elle n'existe pas », je retrouverai dans les récits de Schwarz-Bart, les romans de Condé, les poèmes de Césaire, la même tension entre ce qui est dit et ce qui veut se dire, entre ce que le texte énonce et la mise en scène de l'énonciation. Car les tactiques qui tiennent avant tout à faire du bruit ne sont pas forcément couronnées de succès (parfois, elles ne font pas assez de bruit pour être entendues) et, parfois, leur « succès » inespéré aboutit au contraire du résultat souhaité (dans le cas par exemple où un public prend l'énoncé qui sert de « bruit » au pied de la lettre). Lorsqu'un sujet parlant cherche à échapper au différend, il risque de découvrir que les tactiques qui sont à sa disposition sont potentiellement aussi dangereuses pour lui que les forces du pouvoir qui essaient de le réduire au silence.

Cette ambiguïté, qui fait partie intégrante de la définition de la « tactique », est une des raisons pour lesquelles j'ai employé ce mot, en empruntant à Michel de Certeau la distinction entre « tactique » et « stratégie ». Au début de l'*Invention du quotidien*, De Certeau écrit :

> J'appelle « stratégie » le calcul des rapports de forces qui devient possible à partir du moment où un sujet du vouloir ou du pouvoir (un propriétaire, une cité, une institution scientifique) est isolable d'un « environnement ». Elle postule un lieu susceptible d'être circonscrit comme un propre et donc de servir de base à une gestion de ses relations avec une extériorité distincte (des concurrents, des adversaires, une clientèle, des « cibles » ou « objets de recherche »). La rationalité politique, économique ou scientifique s'est construite sur ce modèle stratégique (De Certeau, 21).

Refuser de parler de stratégie dans ce livre ne revient pas à entériner une distinction entre « stratégie » et « tactique » dont je suis sûre qu'elle se révélerait fragile, mais c'est une façon de suggérer que la « littérature antillaise » n'est pas (c'est-à-dire n'est pas « isolable d'un ''environnement'' »), qu'elle n'a pas (encore ?) de territoire « propre », et qu'elle entretient des relations avec tout sauf justement « une extériorité distincte ». De Certeau continue :

> J'appelle au contraire « tactique » un calcul qui ne peut compter sur un propre, ni donc sur une frontière qui distingue l'autre comme une totalité visible. La tactique n'a pour lieu que celui de l'autre. Elle s'y insinue, fragmentairement, sans le saisir en son entier, sans pouvoir le tenir à distance. Elle ne dispose pas de base où capitaliser ses avantages, préparer ses expansions, et assurer une indépendance par rapport aux circonstances. [...] La tactique dépend du temps, vigilante à « saisir au vol » des possibilités de profit. Ce qu'elle gagne, elle ne le garde pas. Il lui faut constamment jouer avec les événements pour en faire des « occasions ». Sans cesse, le faible doit tirer parti de forces qui lui sont étrangères (Lyotard, 21).

La tactique, qui a parfois l'air d'être une stratégie mal conçue, mal informée, est en fait une façon de lutter appropriée à une situation spécifique où il n'y a pas lutte ouverte entre deux factions qui cherchent à prendre le pouvoir, mais plutôt opposition (jugulée) de la part de ceux et celles qui souffrent de l'ordre établi. La tactique n'intervient pas à ce moment originel et mythique imaginé par Hegel où les deux premiers êtres humains sont prêts à s'affronter en une lutte à mort pour déterminer qui reconnaîtra l'autre, qui deviendra le maître et qui deviendra l'esclave. La tactique apparaît lorsque l'équilibre des forces s'est révélé défavorable à un des partis en présence et où la « lutte à mort » s'est stabilisée en domination de l'un par l'autre. La tactique est l'arme de celui ou celle que l'histoire a fait esclave et qui n'a plus le loisir ni le désir de se poser le problème de l'origine métaphysique ou philosophique d'une telle situation. La tactique cherche à faire de l'opposition maître-esclave un déséquilibre toujours mouvant, toujours à redéfinir. La tactique ne veut pas s'en tenir à une Vérité Universelle (du colon) dont elle ne connaît que les applications répressives. Très souvent, elle paraîtra aberrante parce que nous ne sommes pas à même de comprendre ce que peut devenir la notion de stratégie lorsque disparaissent les différences entre passivité et lutte, courage et soumission, rébellion et suicide, suicide et lutte à mort.

Les textes que j'ai choisi d'examiner en détail reflètent tous, d'une manière ou d'une autre, une préoccupation pour les formes de rébellion dont on ne sait plus si elles ont abouti à un succès ou un échec (les révoltes d'esclaves réprimées dans le sang par exemple, la fin retentissante de Delgrès et de ses trois cents hommes), et une fascination pour les formes d'opposition apparemment efficaces qui ont résulté d'un hasard plutôt que d'une politique concertée, ou pire, qui semblaient être inspirées par une idéologie apparemment contraire aux intérêts des opposants (la soumission, la passivité, le mépris pour les « nèg congo », et la peur des marrons). En me demandant par exemple pourquoi le but auquel les esclaves aspirent nécessite l'utilisation de tactiques qu'ils réprouvent par ailleurs au nom de leur propre morale, je ne cherche pas à rouvrir le débat existentialiste et à formuler une relation dialectique entre la Fin et les Moyens en tant que catégories abstraites. Il n'est pas question de lire les textes de Césaire, de Glissant et de Schwarz-Bart par rapport au modèle des *Justes* de Camus ou des *Mains sales* de Sartre car le territoire du « bruit » est un espace indéfini, aussi vague idéologiquement que géographiquement où la définition de « la fin » et des « moyens » est devenue floue. Parfois les deux mots sont interchangeables, parfois, l'ennemi n'est plus l'autre, parfois, l'aliénation de soi par le langage, par le système colonial fait que le pouvoir trouve chez les individus qu'il contrôle les meilleur(e)s allié(e)s. Parfois au contraire, les manifestations d'une soumission exacerbée sont non seulement inspirées par une volonté oppositionnelle mais constituent la tactique la plus efficace à court terme. Je ne parlerai donc pas ici de « résistance » et j'éviterai autant que possible de faire référence à la distinction entre « collaborateurs » et « résistants » qui a pu servir de modèle opérationnel au moment où Sartre et Camus écrivaient.

5. Les collaborateurs résistants des mornes et des plaines : un suicide ?

Dans les romans de Glissant, je ne me demanderai pas si la dynastie des Longoué dont le premier patriarche est un esclave marron, « le Négateur, le marron primordial » (Glissant, 1975, 189) représente une résistance euphoriquement cautionnée par le texte par opposition à la lignée des Béluse qui s'est apparemment accommodée du rapport avec le colonisateur. Richard Burton souligne avec justesse que cette opposition entre deux clans n'a rien d'un « combat manichéen entre les "bons sauvages" et les "collaborateurs" »[8]. Il envisage la somme des deux idéologies représentées par les deux familles comme les ingrédients qui ont contribué à créer ce qu'il appelle une « culture créole traditionnelle » (Burton, 305) :

> Finally, the traditional Creole culture as it has emerged since the beginning of the slave epoch is a composite creation to which all participants in the island's history — Europeans, Africans, and (to a lesser extent) Caribs and Asian indentured labourers and their descendants — have contributed in their different ways (Burton, 305).
>
> [Finalement, la culture créole traditionnelle telle qu'elle a émergé de l'époque esclavagiste est une création composite à laquelle ont contribué de diverses manières tous ceux qui ont participé à l'histoire de l'île : les Européens, les Africains et (de façon moins significative) les Caraïbes, les travailleurs asiatiques sous contrat et leurs descendants (je traduis).]

Non seulement je suis d'accord avec la notion de « création composite » mais je ne chercherai même pas à isoler, comme Burton le fait, les éléments qui ont contribué à la formation de cette « culture » : plutôt que de chercher à établir une liste (ou la liste) des peuples qui ont eu un impact, plu-

---

8. (Je traduis). Dans son article qui analyse les romans de Glissant, Burton insiste à la fois sur la structure binaire qui sous-tend l'œuvre en prose de Glissant et sur la relation dialectique qui unit. « The polarity of lowland/plainfolk/bondage and highland/hill-folk/freedom » (Burton, 1984, 304).

tôt que de me restreindre aux frontières géographiques de
« l'île » ou à une époque historique déterminée, je me demanderai par exemple quel modèle oppositionnel est proposé par
un texte qui associe la plaine aux Béluse et les montagnes
aux Longoué ou pourquoi « l'entre-les-deux », ce no man's
land entre les mornes et la plaine[9], est représenté comme un
espace dangereux et destructeur. Car non seulement les romans
de Glissant repensent la vieille opposition binaire entre
« rebelle » et « bon nègre » mais ils s'interrogent sur les critères qui permettent à un sujet historiquement situé de déterminer, par rapport à sa situation spécifique, en quoi tel modèle
est passif ou résistant, révolutionnaire ou conservateur, efficace ou voué à l'échec. Les mythes du « héros » ou de
« l'héroïne » sont constamment interrogés dans les textes étu-
diés ici. L'intention, la volonté d'opposition, et « l'héroïsme »
du résistant ne s'écrivent pas comme des hagiographies ou
de grandes œuvres épiques. Le désir d'opposition doit donc
se trouver de nouvelles grammaires, de nouvelles représentations. L'efficacité des moyens de lutte qui, le plus souvent,
a caractérisé les forces coloniales, doit être récupérée de façon
originale par l'idéologie de l'opposition. Le mythe du libérateur devenu dictateur pèse sur ces textes et les rend indécis,
parfois récalcitrants, lorsqu'il s'agit de chanter les hauts faits
du héros, de le transformer en statue à l'occidentale. Face
à un texte qui fait œuvre d'opposition par l'intermédiaire de
ses tactiques narratives, par l'intermédiaire des jugements qu'il
porte sur les soi-disant héros, je ne me demanderai pas si
oui ou non « tous les moyens sont bons quand ils sont efficaces. » Je chercherai plutôt à savoir, vu la situation spécifique représentée dans chaque texte, de quelle *compétence* doit
faire preuve un sujet (ou un texte) pour déterminer en *quoi*
une tactique est efficace, et contre quelle sournoise dépossession il semble lutter pour identifier la valeur et l'efficacité des moyens qu'il emploie. En d'autres termes, je me
demanderai, chaque fois que la situation se présente, quels
bruits ont choisi de résonner dans ces textes, et comment des

---

9. Comme le remarque Burton, cet entre-deux est l'endroit problématique où la
plupart des Martiniquais[es] habitent de nos jours.

auteurs comme Glissant, Chamoiseau ou Condé peuvent bien être amenés à répéter les mots qui les oppriment au moment même où ils entendent faire acte de libération.

Je n'admettrai donc pas systématiquement que les « bruits » sont des tactiques efficaces et que lorsqu'on a fait cesser le différend, lorsqu'on a transformé un « tort » en « dommage », le bruit a atteint son but suprême, et doit cesser. Lorsqu'un sujet écrivant désirant faire advenir la littérature antillaise choisit de projeter son existence dans un futur hypothétique et nie de ce fait la réalité de son œuvre en se déclarant « préfacier d'une littérature future »[10], on peut par exemple se demander si le « bruit » n'est pas suicidaire et si cette logique autodestructrice n'est pas au fond une « tactique » dangereuse et inefficace.

Face à des textes de friction qui réclament notre attention par leur pouvoir de contradiction, trois questions devront donc rester inscrites au programme :

1. Pourquoi le sujet ou le texte d'opposition, dans l'espoir de modifier la situation d'oppression dans laquelle il se trouve, en est réduit à utiliser (efficacement ou non) le même discours que celui qui a servi et sert toujours à l'opprimer ?

2. Quelles habitudes de lecture, quelles compétences permettent-elles par exemple à un lecteur ou une lectrice de reconnaître tour à tour la formulation « la littérature antillaise n'existe pas » comme un discours d'opposition ou au contraire un discours de maintien de l'ordre ?

3. Et enfin, lorsque tout nous porte à conclure que nous sommes en présence d'une tactique inefficace, devons-nous considérer qu'il s'agit d'un échec, d'une forme d'opposition mal adaptée à son « environnement », ou au contraire analyser l'inefficacité comme une solution au silence qui va, dans un premier temps, faire cesser le différend, et dans un deuxième temps nous forcer à reconsidérer les rapports qui unissent, dans notre logique du pouvoir, résistance et stratégie, efficacité et idéologie, priorités éthiques et politiques ?

---

10. C'est le titre de l'entretien que Glissant a accordé à Degras et Magnier. Les romans aussi doivent-ils être considérés comme un préambule, un prétexte ? N'existent-ils donc pas en tant que littérature ? Et que penser dans ce cas de toutes les œuvres antérieures à celles de Glissant ? Les textes de Césaire sont-ils une pré-préface ?

2

La mort du héros

Tuer ou se faire tuer, ça n'a jamais été suffisant pour justifier l'engagement d'une vie.

(Maximin)

Tout comme le Martiniquais semble de passage sur sa terre, un zombi heureux, tout ainsi nos morts ne nous paraissent guère plus que des zombis confirmés. Je parle du contenu culturel bien sûr, non des sentiments individuels [...]. Notre attitude face à la mort est à la fois de morbidité (nous sommes par exemple fascinés par les accidents de la route), de dérision (nous nous détournons souvent de la vacance de la mort par le rire) et d'une familière complicité (nous cherchons par là le pays d'avant, le pays perdu).

(Glissant)

Dans *Le Discours antillais*, Édouard Glissant affirme que l'un des plus graves symptômes qui contribuent à la « misère morale et mentale » à la Martinique est une forme de « morbidité » dont il faut rechercher les causes dans « le sentiment inconscient, passivement ou traumatiquement vécu, d'une inadaptation à ce qu'on est appelé à faire dans son pays » (Glissant, 1981, 109). Par analogie, je soupçonnerai qu'il y a bruit lorsque la *morbidité* apparaît en littérature, lorsque certains textes, « inadaptés » à leur propre vocation, à leur propre message, à leur propre langue, ne savent ni ce qu'ils veulent faire, ni surtout comment ils pourraient atteindre leur but hypothétique.

La question du but hypothétique n'est pas celle qui m'intéresse le plus ici car elle n'est pas forcément de nature à faire cesser un différend : elle est souvent du domaine de l'explicite, elle est souvent tranchée de façon péremptoire par ceux et celles des critiques contemporains qui ont tendance à exiger de toute littérature produite sur les lieux où règne un pouvoir contesté qu'elle soit en prise directe sur les problèmes politiques et historiques, qu'elle propose des solutions. Cette demande en elle-même risque de devenir morbide si elle revient à imposer que la littérature antillaise se coule dans ce moule réducteur, mais il est vrai qu'une telle exigence vis-à-vis de la « littérature antillaise » suppose au moins une reconnaissance implicite de son existence en tant que littérature d'opposition.

En revanche, la façon dont un discours s'y prend pour atteindre le but qu'il croit s'être fixé est un indice de son « adaptation ». Je soupçonnerai que la « morbidité » est un bruit alertant si un texte annonce ouvertement ses intentions politiques (son « adaptation » consciente à une volonté d'opposition) puis se suicide rhétoriquement en employant les tactiques favorables à ses ennemis. Je soupçonnerai par exemple qu'il y a bruit lorsqu'une pièce, un poème ou un roman, qui se lit par ailleurs sans difficulté comme un texte d'opposition, se présente comme un appel au suicide, ou du moins une apologie du courage mortel du héros. Lorsqu'un texte envisage la Mort du héros comme l'une des étapes qui conduisent à la Libération de la collectivité, je me demanderai dans quelle mesure il n'énonce pas exactement la même loi que celle que le pouvoir entend imposer. Une des variantes les plus connues de ce type de « loi » fait désormais partie du répertoire des clichés et réapparaît régulièrement, sous une forme ou une autre, dans les films ou les livres que nous consommons : tout amateur de western conventionnel sait très bien qu'« un bon Indien est un Indien mort » (même si nous sommes désormais capables de nous distancier du message par l'ironie) et il serait peu surprenant (quoique éminemment indésirable) que les textes antillais aient intégré qu'« un bon Nègre est un Nègre mort » ou, si l'on veut formuler la syntaxe génératrice du cliché, qu'« un bon [Autre/Moi] est un [Autre/Moi] mort ».

Le « cliché » est d'autant plus redoutable qu'il ne fonctionne pas seulement comme l'outil grossier (c'est-à-dire facilement reconnaissable) de ceux et celles qui prêchent ouvertement le maintien du statu quo. Ce même « cliché », utilisé de façon beaucoup plus subtile (donc plus difficile à reconnaître et à éviter) me semble aussi faire partie intégrante du discours des « libérateurs », des textes que l'Histoire occidentale identifie désormais comme ayant été anti-esclavagistes et anti-colonialistes. On imagine par exemple la confusion que peut entraîner la signature de Sartre au bas de la déclaration suivante :

> Quand un peuple n'a d'autre ressource que de choisir son genre de mort, quand il n'a reçu de ses oppresseurs qu'un seul cadeau, le désespoir, qu'est-ce qu'il lui reste à perdre ?[1]

La question est visiblement rhétorique ; sous-entendu : « Rien ». La formulation me paraît dangereuse parce que, d'une part, le philosophe qui décide de préfacer *Le portrait du colonisé* est visiblement animé de ce qu'on appelle de « bonnes intentions ». L'ironie du mot « cadeau » accolé à celui de « désespoir », l'utilisation visiblement péjorative du terme « oppresseurs » surdéterminent le ton du passage et rendent son interprétation relativement aisée. Pourtant, la proposition de Sartre a ceci de problématique qu'elle impose une idée très réductrice de la tactique à employer face aux « oppresseurs ». A en croire ce petit paragraphe, la seule « ressource » qui serait à la disposition des peuples opprimés serait de « choisir » leur genre de mort. Cette supposition ne revient-

---

1. Jean-Paul Sartre, préface au *Portrait du colonisé* (37).

elle pas à condamner tout un peuple à mort au nom de sa libération éventuelle ? N'y a-t-il pas simplification grandiloquente et outrancière à supposer que le peuple colonisé en sera réduit au suicide s'il veut sortir de l'asservissement où le confine le colonisateur ? L'anéantissement de tout un peuple n'est-il pas au contraire la conséquence la plus à craindre de la colonisation ?

Ainsi le lien entre la Mort et l'héroïsme antillais tel qu'il se découvre et se définit à ses propres yeux sera tragiquement bruyant si les textes envisagent comme solution à l'asservissement un suicide qui les anéantit en tant qu'instruments rhétoriques d'opposition aussi sûrement qu'il fait disparaître le corps du héros révolté. Au contraire, le passage du culte du héros suicidaire à la prise de conscience que la tentation de la Mort est une « morbidité » symptomatique de cet asservissement auquel le sujet cherche à échapper fait naître une *histoire* des idées que je qualifierai de spécifiquement antillaise : entre le chef-d'œuvre de Césaire *(Et les chiens se taisaient)* et ceux de Daniel Maximin *(L'Isolé Soleil)* ou de Simone Schwarz-Bart *(Pluie et vent sur Télumée Miracle)*, une série de textes ont fait exister un patrimoine culturel au sein duquel une forme d'intertextualité apparaît. Par exemple, le texte de Maximin qui, d'une part, ne cesse de rendre hommage à Césaire en citant ses textes avec ou sans guillemets, en s'appropriant des bribes de poèmes, prend par ailleurs ses distances avec la figure du Rebelle et cette désacralisation (du héros de Césaire comme seul modèle possible, de Césaire auteur comme seul « père spirituel », de la « négritude » comme seul mouvement littéraire défendable) fait advenir « l'adaptation » des textes à « ce qu'ils sont amenés à faire » dans un territoire virtuel que, contrairement à Glissant, je n'appellerai pas encore leur « pays » mais plutôt leur pays-age. La distance sera encore plus évidente entre le Rebelle et les personnages de *Pluie et vent sur Télumée Miracle* qui opposent au « Je veux mourir » du Rebelle un art de la Sur-vie remarquablement bien adaptée au paysage antillais.

1. *Et les chiens se taisaient...* : « Je veux mourir »[2]

Le cas du Rebelle césairien semble d'abord donner raison
à la formulation de Sartre : dans *Et les chiens se taisaient*,
le personnage principal accède en effet au statut de héros
mythique pour avoir *choisi* la Mort de son plein gré, en toute
connaissance de cause, et malgré les efforts des autres personnages qui cherchent à l'en dissuader. Il est donc tentant
de lire la pièce comme un hymne lyrique à la gloire du héros
qui aurait osé choisir la Mort plutôt que la Servitude. Mais
une telle interprétation a l'inconvénient de ramener la problématique du Rebelle spécifique (Antillais dans ce cas) à une
opposition universelle entre le Maître et l'Esclave alors que
je cherche plutôt à savoir ce que le dilemme du Rebelle nous
révèle sur l'avènement d'un héroïsme antillais (saboté ou non
par ses contacts avec l'idéologie occidentale qui l'a somme
toute rendu nécessaire), et sur l'utilisation d'une tactique propre à faire exister une nouvelle catégorie d'opposition.

Le fait est qu'une lecture hégélienne ne semble « trahir »
la pièce en aucune manière si l'on en juge par l'essai de Rémy
Sylvestre Bouelet, *Espaces et dialectique du héros césairien*.
Mais une telle interprétation de la Mort du héros reste tactiquement délicate. Dans le chapitre consacré à *Et les chiens
se taisaient*, Bouelet écrit :

> Le choix délibéré de la mort de son corps (« je veux mou-
> rir ») [...] représente le premier acte de liberté du Rebelle ;
> c'est un effort considérable pour imposer à autrui un moi
> libéré (Bouelet, 97).

Vue comme le résultat d'un « choix », d'un « effort », vue
comme un « acte de liberté », l'apothéose du Rebelle mort
soulève deux problèmes auxquels la pièce ne me paraît pas
apporter de solution : d'abord, pourquoi *Et les chiens se taisaient* présente-t-il un condamné à mort qui a le choix entre

---

2. Aimé Césaire, *Et les chiens se taisaient*, Paris, Présence Africaine, 1956 (89).
(Les références à cette édition seront désormais indiquées entre parenthèses et le
titre sera abrégé : *Et les chiens...*).

la vie et la mort ? Ensuite, en quoi la mort serait-elle une réponse spécifique à la situation du Rebelle telle qu'il l'envisage lui-même ?

Le premier problème peut se formuler en termes de structure : pourquoi la pièce est-elle construite comme une série de tentations auxquelles le Rebelle refusera de succomber ? A son amante, à sa mère, et au « messager » qui apporte apparemment le pardon des autorités, le Rebelle oppose une fin de non-recevoir systématique. En un certain sens, la pièce fait donc du Rebelle un homme libre qui peut se permettre de choisir la mort, et non un esclave condamné à mort pour avoir tué son maître. Cette structure, qui oppose les tentateurs au héros inflexible, semble nous inviter à le féliciter de sa force morale et à reconnaître sa victoire, mais cette résistance face à la tentation de la vie me paraît problématique dans la mesure où le texte part de l'hypothèse que la mort du héros est l'effet de son choix et non de la violence qu'on lui fait subir. Bien que l'intrigue semble laisser supposer qu'il est arrêté et condamné pour le meurtre de son maître (et ce scénario correspondrait sans difficulté à un certain code de la vraisemblance utilisable dans le cadre de la littérature antillaise), le Rebelle refuse la vie que « tous » lui « offrent » ; le « cadeau » des « oppresseurs » ne le tente pas :

> Ah, oui, de cette vie que vous tous *m'offrez* !
> Merci. Ah c'est cela qui tous vous perd
> et le pays se perd de vouloir à tout prix se justifier
> d'accepter l'inacceptable.
> Je veux être celui qui refuse l'inacceptable
> (*Et les chiens*, 59, je souligne).

Je ne parviens pas à lire la lutte du Rebelle comme une série de dialogues tragiques entre le héros viril amoureux de la Liberté et les femmes traditionnellement soucieuses de préserver la Vie sans saturer la pièce d'intertextes classiques qui me semblent pourtant de nature à saboter irrémédiablement les ressources oppositionnelles du texte : je doute qu'une telle situation puisse servir de modèle ou simplement de référence à l'opprimé(e) victime de la Loi du Maître (de l'esclave condamné à mort pour une peccadille, par exemple), et que le

Rebelle puisse servir de porte-parole à quiconque ne se prend pas pour Le Cid. Ceci se reformule, en termes d'histoire littéraire, par un soupçon d'intertextualité indésirable : le problème auquel est confronté le Rebelle s'apparente d'un peu trop près à un débat cornélien entre l'Honneur et la Vie considérés comme deux abstractions. *Et les chiens se taisaient* met en scène un personnage placé devant une alternative et non pas victime d'un sort qu'il ne maîtriserait pas : le Rebelle (et non son maître) choisit la mort, de préférence à ce qu'il considère comme une vie insupportable. Cette mort est délibérément choisie, c'est un suicide qui est donc présenté ici comme l'acte par excellence, comme le choix qui transforme l'esclave en Rebelle et en héros. Nous verrons que d'autres textes n'octroient pas tant de liberté à leurs héros.

Cette décision suicidaire elle-même, insérée dans une problématique structure de choix, est particulièrement difficile à interpréter en termes de conduite oppositionnelle. Une première lecture économique pourrait effectivement faire de la Mort de l'esclave une tactique efficace qui récupère la Loi du Maître à ses dépens : l'esclave qui se suicide ou avorte délibérément détruit le capital de son maître et accomplit de ce fait un double geste subversif. En attentant à sa vie, il ou elle s'attaque à la propriété du colon au même titre que s'il ou elle vole de la nourriture ou incendie la plantation. La tactique est donc efficace puisqu'elle nuit au maître. Mais l'esclave qui s'autodétruit en tant que propriété d'un autre consacre l'efficacité de son geste sans avoir à remettre en cause le système qui fait de lui un objet privé de droits. Dans ce cas, le triomphe de l'esclave est ironique puisque c'est en tant qu'esclave-chose qu'il ou elle parvient à se soustraire à la tyrannie du maître.

Mais cette volonté de vouloir faire chanceler le système en le poussant jusqu'au bout de ses contradictions (qui se rapprocherait par exemple de schémas marxistes) ne semble pas correspondre à l'auto-représentation du personnage du Rebelle césairien. Ce n'est pas pour exacerber les contradictions d'un système qui fait de lui un objet que le Rebelle choisit la Mort. Le Rebelle envisage sa mort à la fois comme le témoignage de son Refus et comme le point de départ, l'origine d'une nouvelle ère qui inaugure la libération de la collectivité. Il est d'une part celui qui « refuse l'inacceptable » et qui veut ériger « le monument sans oiseaux du Refus » (*Et les chiens*, 59), il est aussi celui qui souhaite :

> Que de mon sang, oui que de mon sang
> je fonde ce peuple
> (*Et les chiens*, 63).

Parce que le Rebelle envisage sa mort comme une « naissance » (62) c'est-à-dire l'avènement d'un homme (ou peut-être de l'Homme), parce que son courage consiste à choisir la Mort plutôt que la Vie, parce que son discours reflète un parti pris d'absolu et un refus du « compromis » (envisagé non pas en termes de tactique, d'efficacité, mais en termes de noblesse de cœur, de lâcheté ou de courage), le personnage, du moins par ses ambitions explicites, se prête effectivement à la lecture hégélienne que fait Boulet. En choisissant la mort, le Rebelle semble obéir aux schémas prescriptifs de la Dialectique du Maître et de l'Esclave et s'efforcer de se faire avant tout reconnaître de l'autre homme. Chez Hegel, l'Humain (cette essence soi-disant universelle, présupposée supérieure à celle de l'Animal) ne peut survenir qu'au moment où l'un des deux hommes « originels » mis en présence par les circonstances (avec tous les problèmes que cette notion d'origine pose) met sa vie en danger pour se voir reconnaître de l'autre : « Chacun des deux individus humains doit avoir pour but la mort de l'autre, tout comme il risque sa propre vie » (Kojève, 16). Dans son *Introduction à la lecture de Hegel*, Kojève reformule le processus de la façon suivante :

> Pour que l'homme soit vraiment humain, pour qu'il diffère essentiellement de l'animal, il faut que son Désir humain l'emporte effectivement sur son Désir animal [...] Tous les désirs de l'animal sont en dernière analyse une fonction du désir qu'il a de conserver la vie [...] Le Désir humain doit l'emporter sur ce désir de conservation (Kojève, 13).

Comme le héros hégélien, le Rebelle renonce à la vie malgré les tentations incarnées par les autres personnages, mais l'on peut se demander si la séduction qu'exerce sur le personnage (et sur les lecteurs et lectrices) une telle définition de l'humain n'est pas foncièrement dangereuse pour le héros spécifiquement antillais. Le Rebelle est-il vraiment un des deux hommes « originels » engagés dans une « lutte de pur prestige » ? N'est-il pas au contraire limité (y compris au niveau des tactiques auxquelles il a accès) par les conditions de pouvoir qui l'ont fait esclave dès sa naissance ? Ne faut-il pas soigneusement distinguer dans ce cas les tactiques qui permettent de *reprendre* le pouvoir, des stratégies que le maître utilise, non plus pour se faire « reconnaître » mais pour maintenir le statu quo, pour conserver son pouvoir ? Chez le Rebelle, sa propre prise de conscience des droits qu'implique son humanité, consiste peut-être au contraire à ne pas se reconnaître comme l'héritier soi-disant naturel d'une philosophie qui nous persuade que l'Humain (universel, a-historique, a-politique) se définit toujours par le Désir d'une lutte au cours de laquelle le Maître prendra le pouvoir pour avoir osé risquer sa vie. Du point de vue purement tactique, pourquoi l'Animal, soucieux de conservation, et peut-être capable d'inventer d'autres moyens de résistance que l'Humain, ne serait-il pas une référence précieuse pour l'esclave en fuite par exemple ? On se souvient du passage du *Cahier d'un retour au pays natal*[3] où, comme le fait remarquer Aliko Songolo, l'esclave marron devient indistinguable du cri du chat, et de l'arbre de la forêt[4] :

> que la forêt miaule
> que l'arbre tire les marrons du feu (*Cahier*, 27-28).

Le texte utilise une expression figée (tirer les marrons du feu) et laisse ouverte la possibilité d'interpréter le cliché de

---

3. Aimé Césaire, *Cahier d'un retour au pays natal*, Paris, Présence Africaine, 1983. Toutes les références à cette édition seront désormais indiquées entre parenthèses sous la forme (*Cahier*).

4. Aliko Songolo, *Aimé Césaire, une poétique de la découverte*, Paris, L'Harmattan, 1985 (52).

façon historique (Songolo rappelle que les esclaves en fuite, les « marrons », montaient dans les arbres pour échapper aux dogues lancés à leur poursuite). L'aide apportée par les arbres, et le miaulement (signe de ralliement des esclaves en fuite) répercuté par la forêt suppriment la hiérarchie rigide, la séparation absolue entre l'Humain et l'Animal et semblent suggérer que l'esclave n'a pas intérêt, du point de vue tactique, à accepter la théorie de la suprématie de l'Humain. De même, le texte est d'autant plus riche qu'il refuse de parler exclusivement la langue de la Raison, la langue de l'Humain raisonnable, et joue à la fois sur le terrain du figuré et du littéral, empruntant à la langue française ses expressions figées et les détournant de leur sens sans paraître les modifier en quoi que ce soit.

Si, du point de vue tactique, le modèle hégélien de l'Humain ne semble pas fort utile, du point de vue politique et idéologique, on peut aussi se demander comment le Rebelle, engagé dans une lutte toujours binaire, génératrice seulement d'un maître et d'un esclave (ou d'un ou plusieurs morts) peut espérer « fonder » un peuple et peut-être un ordre social égalitaire sur ce genre de rituel ? Le Rebelle lui-même ne semble pas proposer de réponse à ces questions. Sa mort est peut-être inadaptée à sa situation historique et géographique.

D'ailleurs, il ne faut certainement pas réduire la pièce aux déclarations de son héros, et les autres personnages se chargent de critiquer efficacement sa prise de position. L'amante lui reproche son individualisme, son orgueil égoïste, une sorte d'hubris qui serait incompatible avec son désir de fonder une nation :

> Avoue, tu joues à te sculpter une belle mort,
> mais
> je suis celle qui se met au travers du jeu et qui hurle !
> (*Et les chiens*, 60).

Alors, l'amante « hurle », l'amante se met en « travers », ni dedans, ni dehors, ni participante, ni public. Elle se contente de faire du bruit au milieu de la pièce. Elle interrompt, parasite, court-circuite le message du héros par un cri gênant, inarticulé, qui se place entre les deux adversaires et interrompt leur échange violent. Fidèle à un stéréotype qui fait d'elle un personnage volontiers pusillanime et naturellement soumis, l'amante exige hystériquement (autre stéréotype) du héros qu'il renonce à son geste grandiose. Il faut avouer que le schéma est presque trop beau pour être vrai, et plutôt que d'accuser le texte de sexisme, je préfère voir dans la réaction de l'amante une intuition, une découverte non encore formulée au moment où s'écrit *Et les chiens se taisaient*. Ce que l'amante sait peut-être déjà, sans toutefois pouvoir le formuler clairement, c'est qu'en « choisissant » la « Mort », le sujet colonisé fait deux fois le jeu de l'oppresseur, d'une part, en adoptant son idéologie qui fait de la mort du soldat le moment de gloire qui lui vaudra les plus grandes distinctions et d'autre part, en choisissant de s'anéantir en tant que sujet rebelle (c'est-à-dire en faisant subir d'avance à son corps le traitement que le maître lui-même lui aurait réservé).

2. Delgrès, héros démystifié de *L'Isolé Soleil* : « La mort t'attire comme une femme désirée »[5]

Alors que la critique du choix du Rebelle est confiée chez Césaire à des personnages ambigus qu'une lecture sexiste pourrait se permettre d'ignorer purement et simplement, la mort apocalyptique de Delgrès, autre héros suicidaire antillais, est beaucoup plus explicitement condamnée par plusieurs des narrateurs et narratrices du roman *L'Isolé Soleil*[6]. Nourri de

---

5. Daniel Maximin, *L'Isolé Soleil*, Paris, Seuil, 1981 (55). Les références à cette édition seront désormais indiquées entre parenthèses.

6. Alors que le Rebelle reste le symbole mythique et anonyme de toute Résistance, Delgrès, héros en procès de *L'Isolé Soleil* mais aussi de *La mulâtresse Solitude*, appartient à l'Histoire, c'est-à-dire en fait, à plusieurs histoires qui traitent le personnage comme une entité connue, reconnaissable, au sujet de laquelle il serait soi-disant possible de découvrir une « vérité ». Delgrès, systématiquement inséré dans l'histoire des Antilles, ne deviendra peut-être un héros « antillais » que petit à petit, au fur et à mesure que les textes de Maximin ou Schwarz-Bart régleront leur compte avec l'histoire du héros mort, et écriront leur propre interprétation de ce destin. Ces versions successives devraient s'ajouter aux données du dictionnaire que, souvent, les textes antillais citent comme pour mieux les comparer à leur propre version.

Césaire et de négritude, ce texte progresse par rapport à *Et les chiens se taisaient* dans la mesure où il peut se permettre de porter un jugement nuancé sur les tactiques choisies par les héros plutôt que de se sentir obligé de les vénérer à tout prix de peur de les voir occultées par l'histoire de la colonisation. Dans *L'Isolé Soleil*, chacun des personnages, chacun des narrateurs et narratrices qui prend tour à tour la parole, partage, avec tous les autres, le désir de découvrir, ou d'inventer une histoire de la Guadeloupe mieux « adaptée » au pays[7] que les histoires écrites par la colonisation. Loin de cautionner systématiquement tout acte d'héroïsme entré dans l'Histoire, ce texte se demande par exemple pourquoi le suicide exerce sur les Antillais une telle séduction. Le cas de Delgrès va servir de point de départ à une réflexion sur

---

7. Conçu ici comme « paysage », comme territoire géographie propre, placé sous le signe du volcan et des cataclysmes naturels. La façon dont on choisit de concevoir le « pays » me paraît d'ailleurs inséparable de la façon dont on peut mourir « pour lui ». Le problème se pose notamment pour les esclaves en fuite, les esclaves marrons qui ont dû réinventer un modèle de communauté loin de la plantation. Dans son étude sur l'origine des différents nationalismes, Benedict Anderson fait remarquer que la « nation », quelle que soit la façon dont on la définit ou dont elle « s'imagine », a ceci de particulier qu'elle devient, au cours des deux derniers siècles une « fraternité qui fait que [...] des milliers de gens sont prêts, non pas tant à tuer pour elle, qu'à lui sacrifier leur vie de leur plein gré » (7, je traduis). Dans la mesure où les esclaves marrons ne forment pas nécessairement des « communautés » indépendantes, il serait intéressant d'explorer la différence entre « mourir pour la liberté » et « mourir pour la nation/patrie » surtout dans un contexte où les deux mots (liberté et nation) semblent inéluctablement liés à des intertextes « républicains » du XVIIIᵉ siècle (voir, par exemple, la différence entre les marrons jamaïcains et les marrons des Antilles françaises ou de Guyane. (Lire notamment à ce sujet le texte de Selwyn Cudjoe intitulé *Resistance and Caribbean Literature* et le texte de Mavis Campbell, *The Maroons of Jamaica, 1655-1796 : A History of Resistance, Collaboration and Betrayal*). Lorsqu'on meurt au nom d'une cause, est-ce que cette cause est de ce fait construite ou « imaginée » sur le même modèle qu'une communauté nationale ? Anderson cite Michelet qui conçoit le « devoir de l'écrivain » comme une aide à personne (morte) en danger : « J'ai donné à beaucoup de morts trop oubliés l'assistance dont moi-même j'aurai besoin [...] ». Et Michelet ajoute que les morts qui ont fait naître la nation française ont besoin « d'un Œdipe qui leur explique leur propre énigme dont ils n'ont pas eu le sens, qui leur apprenne ce que voulaient dire leurs paroles, leurs actes, qu'ils n'ont pas compris » (cité p. 198). Faut-il voir, dans la volonté des romanciers qui retracent l'histoire des « héros », un geste similaire à celui de Michelet ? N'y a-t-il pas la même distance, le même écart, entre Michelet et les morts de la révolution et Maximin et le Delgrès de *L'Isolé Soleil*, entre Césaire et son *Rebelle* ? Ces textes ne sont-ils pas empreints de cette même « poignante autorité » (Anderson, 198) et peut-être de ce même désespoir de faire parler l'autre ?

« l'adaptation » d'une tactique à une certaine fin et aux inter-
férences que crée le désir d'émuler le discours d'une certaine
conception de l'histoire.

Adrien, dans une lettre à Marie-Gabriel, s'interroge sur la
portée du suicide de Delgrès et tire de ses réflexions la conclusion suivante :

> As-tu remarqué dans tes lectures à quel point le suicide est
> le *seul héroïsme de nos îles* écrasées par le déferlement des
> escadres des continents ? Les Caraïbes se sont jetés des falai-
> ses par villages entiers, les esclaves se sont empoisonnés par
> familles entières, étouffant les nouveau-nés (Maximin, 86, je
> souligne).

L'histoire de héros comme Delgrès est ici prise en charge
par plusieurs voix que nous pouvons comparer ou opposer,
si bien que le roman dans son ensemble se présente comme
un *essai* de portrait des réussites et des échecs du héros plutôt que comme une célébration épique ou mythologique. Cette
attitude réservée vis-à-vis d'un personnage (qu'on ne prétend
plus connaître à l'avance) laisse à l'Histoire « antillaise » le
loisir de s'écrire comme un conte folklorique de la littérature orale, toujours repris, toujours modifié, vivant de ses
innombrables variantes. Au contraire, l'histoire de la colonisation tendrait à figer le héros, même si elle finit par reconnaître la valeur de certains combattants noirs qu'elle fait passer
pour des exceptions.

Dans *L'Isolé Soleil*, la statue élevée au héros mort est un
leurre, auquel cède d'ailleurs Delgrès lui-même. La statue,
symbole même de l'art historique tel que le conçoit l'Occident depuis l'antiquité grecque, est le lieu où le peuple antillais, engagé tout entier dans la lutte, perd la maîtrise du récit
et change de maître. Le héros mort et statufié est une autre
version du libérateur devenu dictateur ; il est non seulement
dangereux pour lui-même mais pour la communauté. Et pourtant, l'érection de la statue apparaît souvent comme la seule
solution. L'amante, qui accusait le Rebelle de vouloir se
« *sculpter* une belle mort », rappelle étrangement le dialogue

du cinquième chapitre de *L'Isolé Soleil*. Au narrateur qui affirme :

> Delgrès a choisi de témoigner pour l'éternité. Les Antillais ont toujours eu peur de manquer d'espace, alors, ils cherchent à défier le temps. Seule solution : transformer les hommes en statues. Ce qui est tout le but de notre histoire, et je pense aussi de notre poésie : statufier l'esclavage, ses souffrances et ses révoltes (*L'Isolé Soleil*, 183).

Louis-Gabriel (ainsi nommé en hommage à, ou plutôt « à cause de » [18] Delgrès) répond :

> Ah ! Je suis tout à fait d'accord avec vous pour la poésie ! C'est même le grand reproche que je lui fais : sa rigidité si contraire à la folie de nos paysages (*L'Isolé Soleil*, 183).

Le geste de Delgrès est ainsi rapproché d'une forme de texte et le « choix » du héros est assimilé à la façon dont un peuple ou un individu choisit de représenter sa propre histoire. Le suicide collectif de Delgrès, celui du Rebelle, et une certaine poésie antillaise ont donc en commun ce besoin de « statufier ». Le texte de *L'Isolé Soleil* suggère que, comme les héros qui se suicident, tout texte qui cède au désir d'ériger des statues tombe dans le piège tendu par l'idéologie héroïque colportée par la colonisation : tous deux risquent de se tromper de but et de stratégies, ils risquent de sacrifier les objectifs de la lutte elle-même au besoin de se voir reconnus comme héros non pas vraiment par « le peuple » (entité inexistante que le suicide individuel ou collectif ne fait pas advenir) mais par une certaine idée de l'héroïsme dont l'ennemi reste juge.

Cet aspect de la critique du suicide de Delgrès est confié aux soins d'un personnage appelé Jonathan, que le texte présente comme un contemporain de l'explosion de la poudrière. Comme en réponse au Rebelle qui rêvait de « fonder son peuple » sur son sang, Jonathan interprète l'acte de Delgrès comme un acte aux conséquences néfastes, dicté par un orgueil bien trop similaire au code d'honneur des soldats blancs pour être bénéfique au peuple noir. A la lutte collective d'un peuple à la recherche de son « pays » et de ses valeurs, il oppose la vision de Delgrès, retranché dans son héroïsme individualiste : « Ta mort héroïque forcera bien sûr le souvenir des siècles mais elle fera oublier la lutte acharnée des peuples vivants » (*L'Isolé soleil*, 56). Jonathan soupçonne les tactiques de Delgrès d'être de nature à perpétuer le différend qui empêche l'Histoire « antillaise » d'exister, de favoriser l'oubli. A la fin de *L'Isolé Soleil*, une section intitulée « Repères » semble effectivement confirmer ses craintes : un extrait du *Larousse du XIXᵉ siècle* (que nous pouvons désormais opposer à l'histoire de Delgrès telle que nous l'a présentée le roman) décrit le héros de la façon suivante :

> DELGRÈS Louis : « Défenseur de la liberté des Noirs à la Guadeloupe, né à Saint-Pierre (Martinique) en 1772, tué à la prise du Matouba (Guadeloupe) le 28 mai 1802. Sans illusion sur l'issue certaine d'une lutte qu'il avait acceptée, non provoquée, il sut se distinguer par un courage chevaleresque. On le voyait s'asseoir dans une embrasure de canon, un violon à la main, y braver les boulets du général Richepanse, le commandant de l'odieuse expédition (destinée à rétablir l'esclavage), et nouveau Tyrtée, jouer de son instrument pour animer ses soldats » (*L'Isolé Soleil*, 283).

Cet appendice historique confirme que, comme le craignait Jonathan, l'Histoire a fait main basse sur les trois cents hommes et femmes qui accompagnaient Delgrès. Même son suicide disparaît du récit qui choisit de récupérer, au sein d'une tradition occidentale, ce héros qui n'a pas réussi à se faire reconnaître comme spécifiquement antillais : le dictionnaire fait désormais de lui un chevalier médiéval affublé d'adjectifs presque homériques (son « courage chevaleresque » est un cliché par trop reconnaissable), le transforme en un « nouveau Tyrtée », l'assimile à un modèle grec et le dépossède de la spécificité de sa lutte.

3. « La racine de barbadine » : le poison-compassion

Il est pourtant des cas où le suicide apparaît bel et bien comme un acte subversif, irrécupérable par l'idéologie dominante. Le texte de *L'Isolé Soleil*, qui a pourtant plaidé efficacement contre l'idée que le suicide est une réponse envisageable, inclut cependant, dans la trame discontinue de son histoire antillaise, un épisode qui nuance son refus de la mort « héroïque ». Parmi la longue liste d'événements que Jonathan, dans son « cahier », choisit de proposer à la mémoire collective future, et qu'il préface d'un rituel « Tu te souviendras » (64) ou « Que ton ventre se souvienne » (63) ou « Que tes yeux se souviennent de la parole » (64), il en est un qui fait écho à la mort en feu d'artifice de Delgrès et à ses conséquences sur le succès de sa cause : le narrateur raconte la période de terreur qui a suivi, en 1802, la remise en vigueur de l'esclavage. Il invoque notamment la tentative de rébellion de quelques « Blancs-France et créoles, plus solidaires de notre peau que de leur sang » (64) et la répression dont elle fut l'objet.

> Tu te souviendras que l'un d'entre eux était Jean-Baptiste Alliot, dont on fit sauter l'habitation des Flamboyants, et qui fut condamné pour l'exemple au supplice de la cage de fer, punition suprême réservée aux Nègres qui s'étaient défendus en tuant un Blanc (*L'Isolé Soleil*, 64).

Suit une description méticuleuse du fameux supplice de la « cage de fer » que le narrateur, fidèle à sa technique intertextuelle, emprunte presque mot pour mot à Oruno Lara et dont il recommande une mémoire partielle, sélective : « Garde ceci à ton cœur, mais pas à tes yeux » (64). Jusqu'ici, le texte de Maximin est fidèle au récit que fait Lara dans *La Guadeloupe dans l'histoire*, source textuelle et historique, auquel le texte fait allusion sans vraiment l'invoquer[8]. Mais le narra-

---

8. Il y a divergence par rapport au texte d'Oruno Lara quant aux noms des Blancs suppliciés, aux motivations de leur action et à la mort de l'un d'entre eux promis au supplice de la cage de fer. Voir *La Guadeloupe dans l'histoire*, 173.

teur ajoute à son texte de référence un épisode significatif qui éclaire le sens que peut prendre la mort dans un contexte de résistance désespérée.

> La veille de son supplice, une vieille femme réussit à s'introduire dans la prison avec sa petite fille aux cheveux nattés. Les deux vieillards, anciens maître et esclave, se regardèrent pendant plusieurs minutes sans une seule parole. Puis elle se leva et lui offrit une racine de barbadine pour la sérénité d'une mort moins cruelle (*L'Isolé Soleil*, 65).

Ce passage fait écho à une série de scènes parallèles que la littérature et l'histoire ont déjà immortalisées en scènes archétypiques, mais cette intertextualité prend des distances idéologiques très nettes par rapport à ses modèles : la présence de la vieille esclave dans la cellule de l'homme emprisonné peut par exemple évoquer les personnages de la pièce de Césaire, et notamment le moment où la mère vient essayer de dissuader son fils de se sacrifier à sa cause. Mais le rapprochement entre les deux scènes fait ressortir la différence entre les deux femmes. Si l'on suppose qu'il y a une grammaire narrative qui régit la représentation des dernières-visites-aux-condamnés-à-mort, il faut admettre ici que ceux et celles que Greimas appellerait les actants (le personnage du condamné, celui de la visiteuse) se retrouvent inchangés dans les deux exemples rapprochés. En revanche, les fonctions occupées par les actants sont opposées. Ici, la femme et l'homme, en dépit de tout ce qui les sépare, sont en état de partage, de communion. D'abord, ils communient dans un silence qui symbolise l'absence de confrontation. De plus, ils sont tous deux réduits à l'impuissance, ce qui représente un changement par rapport à leur statut de maître et d'esclave, surtout que le changement de statut fait du maître l'égal de l'esclave (en un retournement ironique et dérisoire du principe du carnaval ou des saturnales où l'esclave devient pour un jour l'égal du maître le plus cruel). Ensuite, il est évident que contrairement à la mère du Rebelle, la vieille femme ne vient pas dissuader son maître de mourir, et à première vue, on pourrait considérer que la femme est ici du côté de la Mort. Pourtant, ce n'est pas parce que la vieille femme apporte la Mort à son maître que ce récit peut être considéré comme moins sexiste et plus optimiste que celui de *Et les chiens se taisaient.* Car en fait, la vieille femme ne vient pas supplier son ancien maître de renoncer à la mort (le récit, plus réaliste, ne donne pas le choix à son personnage condamné à mort), mais elle n'est pas non plus venue l'inciter à mourir. En silence, sans plaidoyer, elle lui apporte le moyen de faire lui-même un dernier, un ultime *choix.* Le récit choisit un verbe qui insiste sur la signification de l'objet que la vieille femme introduit dans la cellule : elle n'apporte pas une parole ou un pardon, elle « offre » à son ancien maître la possibilité de choisir alors que tout choix lui était désormais interdit. C'est peut-être dans cette distinction que résident l'originalité et la subversion de son geste : le don de la « racine de barbadine » est un don symbolique qui réintroduit le concept de choix et donc l'existence de la liberté au sein d'un univers de terreur. Ici, la formulation de Sartre qui suggérait que le colonisé ne pouvait que « choisir son *genre* de mort » (je souligne) prend donc un sens très différent, car la vieille esclave réintroduit ce « choix » comme un gain par rapport à une situation antérieure bien spécifique où le condamné n'avait non seulement pas le choix entre la vie et la mort mais ne pouvait pas non plus décider de quelle mort il s'agissait. Il reste évidemment que ce cadeau (littéralement) empoisonné est une invitation au suicide que l'on peut trouver problématique, mais le récit a pris soin de représenter dans ses moindres détails le supplice auquel Alliot est condamné et donc de nous rendre cette vision intolérable avant de faire intervenir la vieille femme. Si bien qu'il est clair que le vieux planteur ne choisit pas en faveur de la Mort, antonyme abstrait de la Vie, mais entre deux formes de morts alors même que la Loi qui le condamne voudrait lui interdire le choix, voudrait lui interdire de se dérober à la sentence. Le suicide se justifie ici, non plus comme un acte d'héroïsme mais comme une solution désespérément raisonnable, humaine, face à l'horreur de la mort promise. Le fait que l'homme en soit réduit (et encore grâce à la réussite d'une tactique d'opposition) à choisir la « moins cruelle » des morts, commente, peut-être mieux que l'exaltation du

Rebelle, la situation d'exception dans laquelle se trouvent les victimes d'un tel pouvoir. Le récit propose d'ailleurs à notre réflexion une victime blanche qui nous rappelle l'avertissement du *Discours sur le colonialisme*[9] et rajoute d'autres éléments à l'ironie de la situation : il est possible de lire le passage comme le rappel d'une autre scène archétypique, celle du meurtre du maître par l'esclave. Ici, l'esclave échappe au schéma traditionnel de la vengeance, de la chaîne de violence infinie, et le fait qu'elle vienne tuer le maître blanc désarmé dans sa cellule n'est pas le résultat prévisible des ravages de la colonisation tels que Fanon les imagine. Au contraire, ce « meurtre » est encore un geste de compassion, une preuve que la colonisation n'a pas déteint irrémédiablement sur le reste du monde, même si, une fois de plus, le colonisé semble être obligé de reproduire le geste du maître, d'imiter l'acte violent du colonisateur. De plus, cet acte de compassion ne nuit pas à la cause des esclaves : le récit choisit de ne plus reparler de cette vieille esclave et, apparemment, la mort du vieux condamné ne déchaîne pas d'autres violences à décrire.

Cette scène est donc à opposer au passage où Delgrès choisit, lui aussi dans un élan de compassion, d'arrêter les combats contre les armées ennemies pour envoyer ses hommes aider les soldats blancs à éteindre l'incendie qui va détruire Basse-Terre. Ce geste grandiose que lui reprochera par la suite Jonathan (*L'Isolé Soleil*, 55) contraste avec la solution discrète de la vieille femme dont le geste est totalement sans

---

9. Au début du *Discours*, Césaire s'inquiète de ce qu'il appelle « l'ensauvagement » du continent. En un passage plein d'ironie, de sarcasme et de colère, l'orateur nous invite à reconnaître que nous sommes toujours les complices du nazisme avant d'en devenir les victimes :

> Et alors, un beau jour, la bourgeoisie est réveillée par un formidable choc en retour : les gestapos s'affairent, les prisons s'emplissent, les tortionnaires inventent, raffinent, discutent autour des chevalets.
> On s'étonne, on s'indigne. On dit : « Comme c'est curieux ! Mais, bah ! C'est le nazisme, ça passera ! » Et on attend, et on espère ; et on se tait à soi-même la vérité, que c'est une barbarie, mais la barbarie suprême, celle qui couronne, celle qui résume la quotidienneté des barbaries ; que c'est du nazisme, oui, mais qu'avant d'en être la victime, on en a été le complice ; que ce nazisme-là, on l'a supporté avant de le subir, on l'a absous, on a fermé l'œil dessus, on l'a légitimé, parce que, jusque-là, il ne s'était appliqué qu'à des peuples non européens (*Discours sur le colonialisme*, 10).

rapport avec un code de l'honneur à l'occidentale[10]. Le récit semble penser que la générosité de Delgrès est catastrophique dans la mesure où il cherche à sauver l'Homme, ou plutôt une certaine idée de l'humain, alors que les prémisses de son combat reposent sur une distinction entre les désirs contradictoires des esclaves en lutte et des maîtres. A son héroïsme entaché de pensée occidentale, le récit oppose le savoir traditionnel d'une vieille esclave : la racine de barbadine appartient à un héritage culturel dont les Blancs se sont volontairement exclus. L'introduction clandestine du poison, savoir interdit par excellence, à l'intérieur de la prison des Blancs (l'endroit où l'on prétend justement enfermer ceux qui transgressent les interdits) souligne que la valeur de la culture des esclaves est restée intacte, et même qu'elle pourra servir à ceux et celles des Européens qui accepteront de l'intégrer à leur patrimoine culturel. Ce court passage propose ainsi une autre version de l'héroïsme de l'esclave qui déplace et démystifie les visions proposées par les personnages du Rebelle, de Delgrès (sans même parler du personnage de l'Oncle Tom qui reste présent en filigrane derrière cette dernière rencontre). Il fait de la mort le résultat d'un choix délibéré mais décrit très spécifiquement le contexte dans lequel une telle forme d'opposition paraît désirable.

4. Tituba et Ti-Jean l'horizon :
Les délices du Royaume des Morts ?

Avant de chercher dans d'autres textes antillais une histoire qui ne se contenterait pas de démystifier la mort mais qui proposerait une vision positive de ce que serait l'alternative à ce désir de disparition définitive, il faut sans doute poser un problème de définition qui, jusqu'à présent, est resté non-

---

10. Voir aussi les commentaires sceptiques d'Adrien (85-90) et ceux de Marie-Gabriel qui se propose d'écrire l'histoire de Delgrès à sa manière : « ... au lieu de lui composer un bouquet confertiflore d'hommages, j'éparpillerai au contraire ses éclats au vent et à la mer » (l'Isolé Soleil, 109).

dit : si l'on accepte qu'il y a une attitude occidentale face
à la mort qui s'opposerait à une vision spécifiquement antillaise, ne faut-il pas se demander si la définition de la mort
elle-même n'est pas à distinguer soigneusement dans les deux
cas ? Le narrateur qui décrit l'attitude de la vieille esclave
reste résolument réaliste et ne cherche pas à proposer de la
mort une définition qui ne serait pas « universelle ». Pourtant, la représentation de la mort est évidemment liée à l'histoire de l'art, des religions et des civilisations. Imaginer la
mort comme la fin inéluctable de la vie est peut-être déjà un
préjugé emprunté aux civilisations colonialistes qui ne rend
pas justice au point de vue de l'autre.

L'ouvrage de Janheinz Jahn, *Muntu*, suggère par exemple
qu'il ne faut pas confondre mort occidentale et mort africaine :
dans les civilisations africaines, des liens particuliers unissent
la vie, la mort et la renaissance. La quatrième partie de son
ouvrage, intitulée « NTU » (du nom de la force qui se manifeste à la fois dans l'humain, l'animal et la chose) explore
ce qu'il appelle les quatre « concepts fondamentaux » de la
philosophie africaine[11].

En reprenant les thèses de Jahn dans son *Césaire entre deux
cultures*, Bernard Zadi Zaourou nous invite à envisager que
le point de vue spécifiquement antillais serait mieux représenté par une mythologie africaine que par une référence à
la vision occidentale de la mort :

> Buzuma et Magara, la vie biologique et la vie spirituelle
> forment l'indissociable unité de l'homme. Vivre c'est parti-
> ciper à ce double principe car jamais Buzuma et Magara ne
> se rencontrent séparément dans l'existence concrète [...]
> Quand meurt l'homme, Buzuma, la vie biologique est anéan-
> tie. Quant à Magara, il continue, non de *vivre*, mais d'exis-
> ter. Ainsi de Muzuma, l'être humain vivant, il se transforme
> en Muzumu, l'être humain sans vie [...] Tout un réseau de
> relations existe entre les vivants et les morts. Entre ces deux
> catégories, il y a interaction, influence réciproque : les morts
> ont des besoins de tous ordres et seuls les vivants peuvent

---

11. Voir notamment les quatrième et cinquième chapitres de cette partie.

les aider à les satisfaire (c'est le sens des nombreux rites consacrés aux trépassés). En retour, les morts apportent à ceux qui leur ont survécu « l'efficacité de leur puissance vitale » désormais multipliée. C'est à une véritable distribution de sa puissance vitale que procède l'aïeul disparu. Ce dernier point donne tout son sens à de très nombreux rites africains et aux cérémonies qui marquent la naissance et la mort (Zadi Zaourou, 146).

Une des raisons pour lesquelles la mort fait figure de choix absolu et grandiose dans les récits d'opposition s'explique effectivement par la certitude que le sacrifice de la vie est irrémédiable et que le héros (ou l'héroïne), en tant que sujet parlant et agissant, s'exclut de sa propre narration en choisissant le suicide. Mais on pourrait objecter à cette vision que, dans l'inconscient collectif de certains peuples africains par exemple, la mort ne comporte pas ce caractère d'inéluctabilité, de fin absolue, et que la littérature orale (contes, proverbes) ou même récemment écrite garde la trace de cette définition non européenne de la mort. La tentation à laquelle cèdent le Rebelle et Delgrès serait-elle donc à relire, non plus en tant que mimétisme d'un héroïsme à l'européenne (une réminiscence hégélienne ?) mais en termes de subsistance de mythes qui font de la mort une étape comme une autre, une frontière qui, une fois franchie, laisse l'individu libre de ses pensées, de ses actions, de ses tactiques d'opposition ? Rien ne laisse supposer que le Rebelle et le Delgrès des textes de Césaire ou Maximin se situent dans une telle perspective, et quoique l'écriture qui est à l'œuvre dans *Et les chiens se taisaient* ou *L'Isolé Soleil* ne corresponde pas aux critères traditionnels du réalisme européen, il est difficile de supposer que c'est au nom d'une vision merveilleuse ou magique de la mort que les héros se sacrifient. En revanche, il est prudent de ne pas écarter tout à fait l'hypothèse d'une « mort » à redéfinir, surtout si l'on rapproche ces deux textes d'autres romans antillais qui touchent aux aspects mythiques de la mort du héros ou de l'héroïne. Je pense notam-

Editeur **Karthala**
ou collection

Diffuseur ....

Titre **Littérature et identité créole aux Antilles**

Auteur **ROSELLO Mireille**

Prix **130 F** .... /

Ventil. caisse	Rang^t	Stock mini	Fiche N°		Créée le

(1992)

Si, par mégarde, cette fiche est restée dans le livre que vous avez choisi, voulez-vous nous la rapporter ou nous la renvoyer dans une enveloppe non affranchie. Merci.

	19 _____	19 _____	19 _____
JANV.			
FÉVR.			
MARS			
AVRIL			
MAI			
JUIN			
JUIL.			
AOUT			
SEPT.			
OCT.			
NOV.			
DÉC.			
Report :			

ment à *Moi, Tituba, sorcière noire de Salem* de Maryse
Condé[12] et à *Ti-Jean l'horizon* de Simone Schwarz-Bart[13].

Tituba, sorcière noire, à laquelle Maryse Condé redonne
une place de choix dans l'histoire des sorcières de Salem, est
un personnage qui lutte, qui s'applique à résister avec détermination à une vie de souffrance et d'oppression. Mais dès
l'exergue, emprunté à un « Poète puritain du XVIᵉ siècle »,
ce texte se place sous le signe d'une mort bénéfique, d'une
mort symbole de changement positif et non de finitude :

> Death is a porte whereby we pass to joye
> Lyfe is a lake that drowneth all in payne.

On se demande dans quelle mesure l'idéologie du poète
puritain qui évoque la vision de la « vallée de larmes » n'est
pas quelque peu ironique par rapport aux souffrances bien spécifiques que Tituba endure, non pas en raison d'un « destin »
universellement humain mais à cause des conditions historiques qui la font naître sur une plantation, du viol de sa mère
par un marin anglais. Pourtant, le roman s'approprie la citation et ne dément jamais l'allusion à la « porte béante »
(*Tituba*, 193) ouverte entre la mort et la vie. Tituba ne met
pas son espoir en une sorte de « vie éternelle » chrétienne,
car pour elle, le rapport entre les vivants et les morts est beaucoup plus tangible et concret : elle est en contact permanent
avec les « invisibles » et s'en remet souvent à la sagesse de
trois ombres amies, celles de sa mère, de son père adoptif
et de Man Yaya qui lui a transmis son savoir et a fait d'elle
cette initiée que les Blancs appelleront « sorcière ». Les morts
apportent à leur protégée l'aide qui lui est nécessaire, ils sont
capables d'agir efficacement. Man Yaya continue par exemple à transmettre à Tituba les secrets des plantes, et Tituba

---

12. Maryse Condé, *Moi, Tituba, sorcière noire de Salem*, Paris, Mercure de
France, 1986. (Les références à cette édition seront désormais indiquées entre parenthèses et le titre sera abrégé : *Tituba*).
13. Simone Schwarz-Bart, *Ti-Jean l'horizon*, Paris, Seuil, 1979. (Les références
à cette édition seront désormais indiquées entre parenthèses et le titre sera abrégé :
Ti-Jean).

décrit ses rapports avec les « invisibles » comme une relation surhumaine, une relation somme toute idéale : « Je n'étais jamais seule puisque mes invisibles étaient autour de moi, sans jamais cependant m'oppresser de leur présence » (*Tituba*, 25). On pourrait se demander si la vision mythique et idéalisée des morts comme adjuvants ne s'accompagne pas d'une certaine résignation, car apparemment, les pouvoirs magiques de Man Yaya lui permettent de prédire à Tituba une vie de souffrances sans lui donner les moyens d'y échapper. De fait, le récit fait de Tituba un être humain capable d'entrer en contact avec les morts mais ce don (contrairement par exemple à ses connaissances en matière de plantes) ne semble pas offrir de grandes ressources dans sa lutte quoditienne pour la liberté : un des épisodes du roman, qui met en scène les puissances conjuratoires de Tituba, marque d'ailleurs clairement les limites politiques de son pouvoir. Achetée par Benjamin Cohen d'Azevedo, un « bon » maître juif qui partage avec son esclave la conscience aiguë d'un passé d'oppression et de brutalités, Tituba lui propose un jour de mettre ses pouvoirs à son service : elle lui apprend qu'elle est capable de le mettre en relation avec son épouse défunte, Abigail. Or, très bizarrement, la réussite de l'opération débouche sur une situation ambiguë où Tituba ne trouve pas son compte. Devenue l'amante nocturne de son maître, elle continue, de jour, à lui servir d'esclave, réinstituant symboliquement le ménage à trois des plantations où le maître satisfait ses désirs sexuels auprès de ses esclaves noires. La reconnaissance et l'affection de Benjamin ne font tomber aucune barrière sociale, et paradoxalement, le don de Tituba retardera même son affranchissement : car Tituba s'est rendue indispensable en devenant le seul lien qui relie son maître à son épouse, mais la reconnaissance de cette supériorité ne lui confère aucune liberté. Or cette « liberté » est précisément le seul désir qui lui tienne à cœur. Le maître bon et aimant, qui ne serait pas devenu un personnage invraisemblable en affranchissant son esclave par gratitude, oppose à la demande de liberté de Tituba un refus catégorique et sans appel, non pas au nom de principes idéologiques ou même économiques, mais parce qu'il ne peut pas se passer d'elle :

> — La liberté ! Mais qu'en ferais-tu ?
> — Je prendrais place sur un de vos navires et partirais aussitôt pour ma Barbade.
> Son visage se durcit et je le reconnus à peine :
> — Jamais, jamais tu m'entends, car si tu pars, je la perdrai une deuxième fois. Ne me parle plus jamais de cela (*Tituba*, 198).

Le lien que Tituba entretient avec les morts fait figure de savoir inclassable, intransmissible, et qui ne contribue pas à rapprocher les deux communautés en présence. La vision que Tituba propose de la mort ne se métisse pas et semble figer les deux cultures sur leurs positions : les deux personnages conservent leurs pouvoirs respectifs sans les partager, sans en faire bénéficier l'autre. A Tituba revient le pouvoir spirituel, au maître le pouvoir politique. La révélation faite par Tituba à un homme blanc exceptionnel, pourtant capable d'accepter avec bienveillance l'existence de ses pouvoirs, ne débouche jamais sur une possibilité d'union ou de lutte collective.

Pourtant, Tituba, insensible au message de sa propre histoire, continue à faire de la vie-dans-la-mort une voie de salut. Sa propre mort ne correspond pas avec la fin du récit, contrairement à ce qui se passe dans *La mulâtresse Solitude* par exemple. Solitude et Tituba finissent toutes les deux leur vie sur une potence, condamnées à mort pour avoir participé à une tentative de rébellion. Mais alors que l'exécution de la première marque la fin de la narration, la seconde se voit autorisée à conserver son statut de narratrice et à terminer son histoire elle-même sans coupure. Solitude perd, avec la vie, la possibilité de dire « je ». Le message que sa vie d'opposition a laissé à la conscience collective n'est certes pas effacé, mais elle est rayée du rang de ceux qui parlent, elle perd sa voix. Au contraire, Tituba réapparaît en personne après son exécution et le roman se termine sur une note optimiste : le succès de son activité d'opposition est symbolisé non seulement par la pérennité de la « chanson de Tituba », mais aussi par la présence du personnage lui-même qui continue à parler aux vivants, et aux lecteurs ou lectrices. Tituba reste titulaire de sa propre histoire et, pour elle, la mort n'est qu'une autre forme de vie.

Tituba trouve dans la mort une solution au silence et à l'impuissance. Loin de représenter la mort comme l'entrée dans une histoire qui fige le message en instants héroïques inlassablement racontés par d'autres, le roman fait de l'état de mort un moment privilégié d'opposition. Les pouvoirs magiques que confère la mort sont assez traditionnellement représentés par rapport à la tradition des contes et mythes populaires africains : Tituba acquiert un pouvoir de déplacement surhumain, elle peut conseiller ou aider les humains sans que ceux-ci ne s'en rendent compte, et elle met cette nouvelle liberté au service de la cause qu'elle a péniblement servie toute sa vie : elle entend « aguerrir le cœur des hommes. L'alimenter de rêves de liberté. De victoire. Pas une révolte que je n'aie fait naître. Pas une insurrection. Pas une désobéissance » (*Tituba*, 268).

Pourtant, on peut se demander comment interpréter l'optimisme de cette conclusion qui relève finalement de la technique des contes de fées : est-il véritablement subversif de remettre en question le rapport entre fin et mort qui conditionne le récit réaliste à l'occidentale ? La décision de faire de la mort de l'héroïne le début d'une lutte désormais efficace et couronnée de succès n'est-elle pas, d'une certaine manière, une échappatoire commode ? Le récit n'hésite-t-il pas de manière inconfortable entre une célébration des pouvoirs spirituels de Tituba et la constatation qu'ils ne sont pas des instruments très efficaces dans sa lutte contre la souffrance ? Les pouvoirs que la tradition non occidentale confère aux morts ne risquent-ils pas de perpétuer un espoir dans un futur lointain difficilement compatible avec les exigences de la lutte au quodidien ? Tituba affirme sa foi en un avenir de liberté, mais elle déclare aussi : « Je ne suis pas pressée, libérée de cette impatience qui est le propre des humains. Qu'est-ce qu'une vie au regard de l'immensité du temps ? » (*Tituba*, 271). Ce genre de confiance n'est-il pas à double tranchant, ne contredit-il pas l'exemple que donne la vie de Tituba, ne

conseille-t-il pas plutôt le fatalisme que l'opposition ? Au fond,
dans la conclusion de Maryse Condé, si Tituba reste efficace
après sa mort dans ce récit, ce n'est pas tant par l'effet de
ses pouvoirs spectaculaires que parce que sa *volonté* de lutte
se perpétue. Ses interventions auprès des vivants vont *dans
le même sens* que l'ensemble de sa vie, et si le récit peut
se permettre de représenter Tituba vivante après son exécution, c'est parce qu'il a réussi à rendre plausible la pérennité
de l'esprit de révolte qu'elle a su communiquer aux autres
de son vivant. Son pouvoir surnaturel est donc soit une refor-
mulation de la mémoire collective qui conserve son histoire,
soit une proposition mythique difficilement conciliable avec
un idéal de résistance, et cette ambiguïté rend la fin du roman
très problématique. Mais les pouvoirs des morts sont susceptibles de plusieurs représentations différentes, de plusieurs
interprétations, et *Ti-Jean l'horizon* propose un contrepoint
intéressant à la version de Maryse Condé.

Ti-Jean l'horizon, qui explore également les ressources fan-
tastiques de la tradition africaine, échappe, me semble-t-il, au
problème que pose la fin de *Moi, Tituba*. Ce texte est pourtant beaucoup plus proche d'un conte que d'une chronique :
il est nettement ancré dans le domaine du merveilleux et de
la magie et il s'appuie sur le schéma reconnaissable de la
quête. Le héros, lors de ses voyages extraordinaires, fait une
étape au royaume des morts. De nouveau, l'unité entre la vie
et la mort est donnée, c'est le point de départ inutile à démontrer. Mais cette certitude de voir la mort se substituer har-
monieusement à la vie ne suffit pas à accueillir la métamorphose avec fatalisme et optimisme. *Ti-Jean l'horizon* se base
sur les mythes de l'après-vie que l'on retrouve dans nombre
de récits antillais, mais réécrit et réinterprète les éléments du
mythe. Le roman entérine par exemple la vision d'une mort
active où les hommes continuent à parler, à agir, à entretenir des relations avec les vivants, mais ce texte met l'accent
sur un tout autre aspect de cette vie-après-la-mort.

Ti-Jean n'est pas particulièrement impressionné par les morts
qu'il rencontre, et dans ce roman-conte-épopée la mort se présente plutôt comme une caricature de vie. Les morts conservent pourtant leurs pouvoirs magiques et il ne s'agit donc pas

de démystifier le côté surnaturel et d'adopter une vision occidentale de la mort athée ou chrétienne. Mais le ton de la description change, et le héros présente les morts comme des personnages grotesques et superficiels. Le voyage au royaume des morts est l'occasion de découvrir que les pouvoirs que les vivants attribuent aux morts sont en fait grossièrement exagérés. Certes, les ombres communiquent avec les vivants par l'intermédiaire de leurs rêves mais, pour Ti-Jean, ce don est une plaisanterie risible qui ne justifie pas la vénération et la crainte que les vivants leur témoignent :

> C'est rire qu'il riait en son cœur Ti-Jean, à la pensée des magies que ceux du village du roi attribuaient aux défunts, les voyant sous forme d'esprits très redoutables sans lesquels rien ne se faisait au soleil, pas même la germination du mil, que les Ombres aidaient soi-disant à lever en lui soufflant doucement dans les racines : aïe, aïe, aïe, tout ce gaspillage de salive, alors que les morts gouvernaient seulement les rêves des vivants, pas plus que ça (*Ti-Jean*, 199).

Les morts, dans *Ti-Jean l'horizon*, sont décrits comme des personnages réactionnaires et irresponsables : leur seul pouvoir réel est de communiquer avec les vivants pendant leur sommeil, et contrairement à ce qui se passe dans *Moi, Tituba*, leur message n'est pas une incitation à la révolte mais une exhortation à préserver les coutumes du passé : « Et la nuit venue, ils se glissaient dans les têtes endormies des rêveurs pour donner un conseil, un remède, et surtout les rappeler à l'observance des coutumes anciennes, dont ils étaient devenus les défenseurs enragés, intraitables » (*Ti-Jean*, 198). Ce fanatisme (visiblement condamné par les adjectifs utilisés par le narrateur) contraste avec le peu de discernement avec lequel les morts s'acharnent à revenir sur terre sans se soucier des malheurs qui accablent les vivants. Visiblement, ils ne sont d'aucun secours stratégique aux « rêveurs » qui feraient œuvre d'opposition, et non seulement leur pouvoir ne semble pas pouvoir être utile aux Rebelles, mais leur propre désir est du côté de la vie terrestre. Les morts souhaitent abréger leur séjour au Royaume des Ombres et le narrateur qui semblait

leur reprocher leur passéisme s'étonne également de leur insou-
ciance, de leur manque de mémoire, de leur incapacité à créer
ou à conserver une histoire du malheur :

> Quels que fussent leurs souvenirs de vie, et même s'ils
> avaient connu les pires disgrâces, le monde d'en haut leur
> paraissait revêtu des plus belles couleurs et ils n'aspiraient
> qu'à y remonter dare-dare, pour faire une nouvelle saison au
> soleil. Les plus avisés étudiaient soigneusement le terrain,
> vicissitudes de l'époque, avantages de telle ou telle branche
> familiale, caractère de la future mère avant d'abandonner leur
> grande toge bleue au hasard des ténèbres, telles des chenilles
> qui ont achevé leur mue. Mais la plupart n'y regardaient pas
> de si près et c'est se démener qu'ils se démenaient comme
> des furieux sitôt qu'ouvraient les yeux sur le Royaume de
> l'Ombre... (*Ti-Jean*, 198-199).

Les morts de *Ti-Jean l'horizon* acceptent la vie à n'importe
quel prix. Et quoique leur agitation les rende amusants et
naïfs, elle est aussi une célébration d'un principe vital qui
les éloigne des héros césairiens. Les morts ne proposent visiblement aucune solution à la lutte des héros qui font acte
d'opposition. Leur précipitation, les efforts désordonnés qu'ils
font pour « faire une nouvelle saison au soleil » les rendent
en partie responsables de leur destin de souffrance. Le risque encouru est explicitement formulé par le narrateur qui
insiste sur le peu de sagesse et le peu de prudence des habitants du Royaume de l'Ombre.

Bien sûr, par rapport à un idéal d'opposition, cette apparente « acceptation » d'un destin de misère est tout aussi problématique que la vision optimiste de la fin de *Moi, Tituba*.
Tout comme un texte qui décrit la mort comme la fin de
l'impuissance, un récit qui imagine les morts comme de futurs
vivants à tout prix pose le problème de la passivité face au
destin terrestre. Mais cette notion de passivité est elle-même
à redéfinir dans le cadre de la littérature antillaise. Jusqu'ici,
j'ai suivi la trace de la Mort dans des textes qui l'exaltaient
ou la démystifiaient comme outil d'opposition. J'aimerais à
présent lire un autre texte, de Simone Schwarz-Bart, qui me
semble proposer au lecteur une vision positive de ce que pour-

rait être l'art d'accepter la vie. La dynastie des Lougandor, les femmes qui peuplent l'univers de *Pluie et vent sur Télumée Miracle* se distinguent et des héros suicidaires et de ces morts fantasques que Ti-Jean décrit familièrement comme « une horde insignifiante de poissons échoués sur le sable et qui soulèvent languissamment leurs ouïes vers la vague, dans la pâle espérance d'une marée » (*Ti-Jean*, 200). Nous verrons que ce n'est pas impunément que le texte de Schwarz-Bart s'est fait le porte-parole d'une telle prise de position[14].

---

14. Pour un rapprochement entre *Ti-Jean l'horizon* et *Pluie et vent sur Télumée Miracle*, voir l'article de Kitzie McKinney « Second Vision : Antillean Versions of the Quest in Two Novels by Simone Schwarz-Bart » (*French Forum*, vol. 62, n° 4, March 1989, 650-660). Cet article démystifie le côté grandiose de la quête traditionnelle entreprise par les héros masculins et l'oppose à celle de Télumée qui jamais ne quitte son île. Voir aussi l'article de Bernadette Cailler, « *Ti-Jean l'horizon* de Simone Schwarz-Bart ou la leçon du Royaume des Morts » dans *Stanford French Studies*, vol. 6, n°s 2-3 (283-297) et l'étude de Ronnie Scharfman « Mirroring and Mothering in Simone Schwarz-Bart's *Pluie et vent sur Télumée Miracle* et Jean Rhy's *Wide Sargasso Sea* dans *Yale French Studies*, n° 62, 1981 (88-106). (Les références à *Pluie et vent sur Télumée Miracle*, Paris, Seuil, 1972, seront désormais indiquées entre parenthèses et le titre sera abrégé : *Pluie et vent*).

3

L'art de survivre

Pluie et vent sur Télumée Miracle

Je ne mourrai pas,
même si on me tue[1]

Écoute, les gens t'épient,
ils comptent toujours sur quelqu'un
pour savoir comment vivre...
si tu es heureuse, tout le monde peut
être heureux et si tu sais souffrir,
les autres le sauront aussi...

(Pluie et vent sur Télumée Miracle)

Pluie et vent sur Télumée Miracle a reçu un accueil très mitigé. Best-seller en France métropolitaine aussi bien qu'aux Antilles, la saga de Toussine, la Reine Sans Nom et de ses descendantes a été attaquée par la critique académique (y compris antillaise) qui reproche à ce récit un fatalisme peu orthodoxe. Il semble qu'une attente implicite ait été déçue. Cer-

---

1. La boutade, bien plus sérieuse qu'elle n'en a l'air, est la devise d'un personnage enfermé dans un camp de prisonniers pendant la Seconde Guerre mondiale. Ce récit constitue en fait la préface de la série de textes qui ont rendu célèbre le curé italien « Don Camillo ».

tes, l'auteur peut se féliciter du chemin parcouru par son texte : la réception du livre a bel et bien fait exister une communauté de lectrices antillaises jusqu'alors privées de modèles textuels. Schwarz-Bart raconte, au cours d'un entretien :

> L'accueil a été très enthousiaste au niveau des gens simples : les marchandes, au marché, me demandaient d'écrire le nom du livre dans leurs mains pour qu'elles aillent le réclamer à la librairie, car elles avaient entendu des passages à la radio. On me disait : « Vous avez raconté l'histoire de ma grand-mère. » Ou bien encore : « Je vis la même situation que Télumée »[2].

L'histoire de la réception du roman constitue un témoignage encourageant puisqu'elle démontre qu'un texte, écrit en français et publié en Métropole, finit par toucher un public créolophone. Cette réussite permet de nuancer les propos pessimistes formulés par Édouard Glissant à propos de l'existence d'un public antillais[3]. Mais tout en se félicitant de l'accueil réservé à son livre par « les gens simples », Schwarz-Bart note que « l'élite a voulu autre chose que ce que je pouvais donner » (T.E.D., 21).

Un des mérites de ce roman est de mettre en évidence le fait que le public antillais dans son ensemble n'est pas homogène : lorsque les réactions de « l'élite » sont diamétralement opposées à celles des « gens simples », on peut se demander s'il s'agit là de cette sorte de schizophrénie collective qui, selon Glissant, aurait été créée par la situation coloniale. Lors-

---

2. « Sur les pas de Fanotte » entretien accordé par Simone et André Schwarz-Bart à la revue *Textes-Études-Documents* (p. 22). Toutes les références à ce texte seront désormais indiquées entre parenthèses et abrégées : T.E.D. Sur la réception de *Pluie et vent*, voir par exemple l'introduction de l'anthologie intitulée *Her True-True Name*. Parue en 1989, cette collection regroupe des textes écrits par des femmes antillaises aussi bien francophones qu'hispanophones et anglophones. Dans leur introduction, Pamela Mordecai et Betty Wilson remarquent que les deux romans de Simone Schwarz-Bart n'ont pas reçu le même accueil : au sujet d'*Un Plat de porc aux bananes vertes*, elles écrivent que ce livre est « unique en son genre et qu'il a échappé aux critiques qui ont parfois été adressées à *Pluie et Vent sur Télumée Miracle*, notamment celle d'avoir idéalisé le dilemme de la femme. » (xv, je traduis).

3. Je renvoie aux textes traités dans le premier chapitre, notamment au *Discours antillais* et à l'entretien accordé à Priska Degras et Bernard Magnier.

que « l'élite » a lu dans *Pluie et vent* une apologie de la résignation, de la survie à n'importe quel prix et de « l'endurance féminine »[4], on imagine aisément qu'elle ait crié à la régression et à la trahison. Ernest Pépin, dans son étude des « figures répétitives » dans l'œuvre de Schwarz-Bart, constate « qu'une certaine critique antillaise » a injustement rejeté *Pluie et vent* « pour l'avoir questionné non pas en tant que texte littéraire, mais comme analyse sociologique, voire comme thèse politique » (T.E.D., 75). La formulation de Pépin établit une distinction entre « texte littéraire » et « thèse politique » à laquelle je me garderai bien de souscrire mais qui identifie la cause du rejet d'une « certaine » critique : de même que la coexistence non pacifique des « gens simples » et de « l'élite » face à un texte peut en soi être un commentaire politique et social, de même, la séparation entre « thèse politique » et « texte littéraire », que Pépin est contraint d'établir rappelle que la situation aux Antilles est telle que certains universitaires ont parfois tendance à se laisser tenter par ce qu'Édouard Glissant a baptisé avec bonheur « la politique-pulsion » : la tentation de « faire quelque chose » à tout prix[5]. La réception critique de ce roman met donc en relief l'aliénation du peuple antillais et les divergences dont est faite sa réalité, et ceci constituerait, si besoin était de défendre le livre de Schwarz-Bart, une preuve suffisante de l'efficacité politique et littéraire de *Pluie et vent*. Il y a donc une sorte d'ironie dans les propos de Caroline Oudin-Bastide qui voit dans *Pluie et vent* une régression historique :

> En privilégiant des personnages (Reine Sans Nom et Télumée) dominés par le destin et cependant pénétrés de leur dignité, et respectables, Schwarz-Bart se place en deçà de la

---

4. Voir notamment les réflexions de J. Michael Dash dans un article consacré à Césaire, Glissant, Schwarz-Bart et Brathwaite : « Le cri du Morne : la Poétique du paysage césairien et la littérature antillaise » (Leiner, 1984, 106-107).

5. « Nous nous jetons dans la politique-pulsion : c'est-à-dire que chacun croit qu'il vaut mieux à tout prendre se figer dans son analyse, mais au moins faire quelque chose, pour supporter de vivre » (*Discours antillais*, 119).

critique de l'aliénation faite par les écrivains de la négritude[6].

Même si on accepte l'interprétation d'Oudin-Bastide, on pourrait affirmer que la description pessimiste de personnages « dominés par leur destin » est un refus du romantisme et de l'idéalisme qui consistent à cacher les problèmes et les carences historiques dont souffre le peuple antillais. Comme le dit Glissant, « il est vain d'accuser de pessimisme tout effort de réflexion qui vise à explorer un tel manque » (*Discours antillais*, 129).

Il est vrai que dans *Pluie et vent*, l'ennemi du peuple noir n'est pas vraiment identifié. Tous les héros semblent opposés à un seul adversaire invulnérable et invincible, à ce que Maryse Condé appellerait la « vie scélérate ». La vie, tissu déchiré « qui ne se recoud pas » (*Pluie et vent*, 50), « cheval de misère » (77), « monstre ni sellé ni bridé » (233) qui vous ferait « passer par quatre chemins » (66), la vie « attend l'homme, comme la mer attend la rivière » (81). Sorte d'entité mythique extérieure aux êtres humains, la « vie » (et non les oppresseurs) est un adversaire avec lequel on entreprend un combat toujours voué à l'échec. La vie est ce contre quoi il faut se battre comme si c'était un mauvais instinct :

> Malheur à qui rit une fois et s'y habitue car la scélératesse de la vie est sans limites et lorsqu'elle vous comble d'une main, c'est pour vous piétiner des deux pieds, lancer à vos trousses cette femme folle, la déveine qui vous happe et vous déchire et voltige les lambeaux de votre chair aux corbeaux (*Pluie et vent*, 23).

L'anticipation du malheur fonctionne comme un message métaphysique plutôt que politique et l'avertissement de la narratrice relève plus d'un stoïcisme universel que de l'analyse du contexte dans lequel elle évolue. Il est peut-être ironique que l'image de la femme folle rappelle au lecteur occidental(isé) les personnages de la tragédie grecque, ou le Destin

---

6. Article paru dans C.A.R.E., juin 1975, n° 2 et cité par Ernest Pépin.

maléfique qui pèse sur la famille des Atrides. L'image des corbeaux évoque pour moi un destin prométhéen, mais *Pluie et vent* ne cherche pas à expliquer, à justifier ou à récupérer la souffrance extrême de ses Prométhées, bien au contraire. Et l'on peut se demander si ce parti pris de ne pas transformer la douleur en acte d'héroïsme n'est pas justement le contraire du fatalisme et une prise de position politique très tranchée. A mon avis, le roman de Schwarz-Bart n'est pas une apologie de la résignation digne, mais plutôt une double critique *et* de l'héroïsme *et* de la soumission.

Le problème vient peut-être du fait que *Pluie et vent* s'attache à décrire une dynastie de personnages féminins et d'héroïnes. Les formes d'opposition spécifiquement féminines ne sont peut-être pas encore reconnues, ne font pas l'objet d'une grammaire narrative immédiatement identifiable. Souvent, la femme est décrite comme celle qui ne se révolte pas. Au mieux, lorsque la résistance de la femme est reconnue, elle sera décrite comme une forme larvée et moins spectaculaire que la révolte de l'homme, elle sera celle qui aide le héros, le nègre marron ou rebelle comme l'infirmière blanche stéréotypée panse les blessés en cas de guerre[7].

Pourtant, lorsqu'en 1776 le Père Charles François de Coutances écrit « Il règne surtout parmi eux [les esclaves] trois de ces vices capitaux, qu'il n'est pas moins de l'intérêt commun que de celui de la religion de réprimer, savoir le marronnage, les empoisonnements et les avortements »[8], on ne

---

7. Dans le *Portrait du colonisé*, Albert Memmi a réussi le tour de force d'éliminer radicalement la femme colonisée. Et je ne lui reproche pas de s'en être tenu à un discours masculin (« il », « l'homme », « le colonisé ») qui prétendait, à l'époque où s'est écrit le livre, décrire un Humain générique, mais d'avoir proposé un modèle de révolte où elle n'avait pas sa place. Lorsque par hasard le mot « la femme » intervient, Memmi fait justement référence à la femme... blanche (Memmi, 52). Dans ce passage, expliquant le dilemme du « colonisateur de gauche » qui a les pieds et les poings liés par ses contradictions internes, Memmi souligne en effet qu'il sera en butte aux brimades de ses camarades, de ses collègues, de ses supérieurs... et de sa femme : « Jusqu'à la femme qui s'y mettra et pleurera — les femmes ont moins de souci de l'humanité abstraite » (Memmi, 52).

8. Cité par Maryse Condé dans *La Civilisation du Bossale*, Paris, L'Harmattan, 1978, 24. Toutes les références à ce texte seront désormais indiquées entre parenthèses sous la forme *(La Civilisation du Bossale)*.

peut que constater que les deux derniers de ces « vices » sont des pratiques que l'histoire associe avec les femmes. Dans *Le Discours antillais*, Glissant fait de l'avortement le symbole même de toute résistance à l'esclavage. La femme noire qui refuse de « porter dans ses flancs le profit du maître » (*Discours antillais*, 97) inaugure l'« histoire d'un *énorme avortement primordial : la parole rentrée dans la gorge avec le premier cri* » (*Discours antillais*, 97, je souligne). Survivre, mais survivre pour tuer, pour tuer l'enfant du Blanc même s'il est en soi comme une aliénation sournoise, tuer la parole du Blanc même si sa langue est devenue familière, survivre pour tuer, telle serait la paradoxale révolte de la femme esclave[9].

Survivre devient alors un art, l'aboutissement d'un énorme travail, d'un combat toujours inachevé. Survivre, pour la femme noire, n'est pas le minimum nécessaire obtenu à force de servilité et de docilité. Survivre est sa révolte dans un contexte où tout se ligue pour lui faire croire que mourir (se tuer soi-même plutôt que de tuer le colonisateur en soi) serait préférable à la survie. Dans *Pluie et vent*, deux personnages, un homme noir et une femme blanche, prêchent cette culpabilisante doctrine : le sort du « nègre » est si désespérant qu'il devrait préférer la mort ; s'il accepte sa condition misérable, s'il survit à sa misère, il s'estime coupable de ce qu'il perçoit comme un manque de courage. De là à en conclure qu'il est le seul responsable non seulement de sa réaction face au malheur mais de son malheur lui-même, il n'y a qu'un pas et le colonisateur s'empresse de l'aider à le franchir.

---

9. Au sujet des mères esclaves infanticides et de la façon dont la littérature et l'histoire les ont différemment représentées, voir par exemple le roman de Toni Morrison, *Beloved* et le livre de Samuel May, *The Fugitive Law and Its Victims*. Ces deux textes sortent du silence l'aventure de Margaret Garner qui, en 1856, préféra égorger sa petite fille que de la laisser reprendre après une tentative de fuite avortée. On consultera à ce propos le travail d'Angelita Reyes dont les recherches portent aussi bien sur le cas Garner que sur le personnage historique de « Solitude » et sur son homologue jamaïcaine, « Nanny ». Voir son livre *Maroon Nanny and Solitude : Paradigms of Rural Women in Caribbean and Women's African-American Writing* (à paraître).

Ainsi, lorsque Télumée accepte de travailler chez les Blancs, Madame Desaragne, sa maîtresse, s'efforce de couper les liens qui unissent la jeune fille à sa communauté, de la dissuader de retourner chez les siens chaque semaine, et souligne avec cruauté la misère qui règne au village :

> ...on vous emmène ici, et comment vivez-vous ?... dans la boue, le vice et les bacchanales... Combien de coups de bâton ton homme te donne-t-il ?... et toutes ces femmes, avec leurs ventres à crédit ?... *moi je préférerais mourir*, mais vous, c'est ce que vous aimez... (*Pluie et vent*, 93, je souligne).

La tirade de Madame Desaragne est d'autant plus sournoise qu'elle tend à séparer Télumée de la communauté noire opprimée en faisant d'elle une femme victime des hommes noirs mais sans toutefois créer une solidarité entre femmes qui transcenderait la différence de race. Son discours crée un univers désespéré où la femme noire est seule, sans alliance, et suggère explicitement que seul le suicide est une solution digne et acceptable. Le « je préférerais mourir, mais vous, c'est ce que vous aimez... » est à la fois un conseil machiavélique et une entreprise de culpabilisation qui privent Télumée de toute issue théorique : si elle ne se tue pas, c'est qu'elle aime son sort.

Pluie et vent décrit minutieusement la force inhumaine que la femme noire doit déployer au jour le jour pour résister à ce lavage de cerveau continuel. Le désir de survivre (sous-entendu à tout prix) n'a plus rien ici d'un instinct soi-disant veule ou animal (le désir même qui caractérise l'esclave, pour Hegel), et qui justifierait la servitude des Noirs. Plus d'un héros a au contraire été détruit par la propagande suicidaire qui présente le destin du Noir comme un choix entre le suicide et l'abjection. Ti Paille, « un frêle jeune homme » et personnage secondaire, se laisse séduire par la perspective d'une mort inutile, qui ne profite en rien à la communauté ni à lui-même, sauf à le délivrer d'un possible combat contre lui-même. Son suicide le délivre de sa haine et du travail acharné auquel les personnages comme Toussine et Télumée se livrent pour survivre. La narratrice raconte :

> Une fois, accroupie sous le comptoir, je vis un frêle jeune homme du nom de Ti Paille se dresser subitement, les yeux exorbités de fureur, criant... aucune nation ne mérite de mourir, mais je dis que le nègre mérite la mort pour vivre comme il vit... et n'est-ce pas la mort que nous méritons, mes frères ?... Il y eut un silence, puis un homme se leva et dit qu'il allait donner la mort sur le champ à Ti Paille *rien que pour lui apprendre à vivre*. Mais Ti Paille répondit qu'il avait envie de mourir, que c'était ça même qu'il aimait, désirait, et lorsqu'on l'emporta avec une blessure à la tête un peu plus tard, il souriait (*Pluie et vent*, 54, je souligne).

Le meurtrier de Ti Paille en est réduit à le tuer « pour lui apprendre à vivre »... L'humour noir de la formule est peut-être le seul procédé capable de rendre compte de cette contradiction mortelle : Ti Paille, littéralement, ne sait pas vivre. Ses paroles sont une terrible parodie des discours politiques qui, dans un autre contexte, auraient peut-être aidé à galvaniser un peuple entier et à le pousser à la révolte. Mais dans sa bouche, son invitation au suicide apparaît comme une copie fidèle des paroles de Madame Desaragne. La fin dérisoire de Ti Paille semble affirmer que, pour l'homme noir, transposer purement et simplement les concepts d'héroïsme et de révolte que les mythes du colonisateur ont apportés, est un piège dangereux. *Pluie et vent* va ici plus loin que la dénonciation du mimétisme qu'a entreprise Naipaul dans ses romans et que poursuivent les théoriciens de l'antillanité. « The Mimic Men », comme les appelle le romancier, meurent de ne pas pouvoir inventer leur propre révolte. Ceux de *Pluie et vent* meurent de ne pas pouvoir parfois se choisir, comme dirait Jacques Brel « lâches plutôt que monstrueux ». Il n'y a pas qu'en littérature que l'imitation fait des ravages, et pour citer Glissant de nouveau, « la pulsion mimétique est peut-être la violence la plus extrême qu'on puisse imposer à un peuple ; d'autant qu'elle suppose le consentement (et même la jouissance) du mimétisé » (*Discours antillais*, 63-64). En attirant l'attention sur l'ambiguïté de la mort de Ti Paille, en faisant de ses paroles l'écho des discours d'une Blanche hostile, la narratrice de *Pluie et vent* complexifie un schéma simpliste, trop longtemps utilisé contre les peuples opprimés : la survie du Noir n'est pas forcément l'opposé de la révolte, de l'héroïsme. Sa mort, qui après tout ne survient pas toujours au cours d'une bataille politique mais parfois à l'issue d'une rixe stupide, est peut-être précisément la réponse que le Blanc lui a soufflée.

Et le texte semble professer le même scepticisme, ou du moins la même réserve, vis-à-vis des déclarations d'Élie et d'Amboise, les deux Noirs qui se refusent à couper la canne pour les Blancs. Les deux héros seront les deux compagnons de Télumée, mais alors qu'Élie humilie, maltraite et chasse Télumée, Amboise incarnera jusqu'au bout l'image positive de l'homme fidèle et aimant auquel Télumée ne pourra rien reprocher sauf peut-être précisément de lui avoir préféré la mort (d'avoir honnêtement pensé qu'il n'avait pas le choix).

Au début du roman, Élie et Amboise partagent la même détermination à ne pas participer à la récolte de la canne à sucre, travail tabou, synonyme d'esclavage et de soumission. Alors que les deux héros demeurent tout au long du roman deux figures antithétiques, ils partagent une violente répulsion pour cette culture maudite que la colonisation a transformée en enfer pour le peuple noir. Les deux hommes proclament qu'ils préféreraient se mutiler que de prêter leurs bras aux planteurs. Puisque l'histoire leur laisse désormais une marge de manœuvre, puisqu'ils ne sont plus (officiellement) esclaves, ils se couperaient les bras plutôt que de travailler dans les piquants. En un sinistre rappel du texte de Voltaire qui nous présente à un nègre de Surinam amputé d'un bras et d'une jambe pour avoir voulu échapper à la plantation, *Pluie et vent* met en scène deux héros affirmant qu'ils se mutileront eux-mêmes plutôt que de couper la canne.

> Quant à Élie, le seul mot de canne le faisait entrer dans des transes, des fureurs incompréhensibles... Élie criait, jurait ses grands dieux que la canne ne le happerait pas, jamais, jamais, il n'achèterait de coutelas pour aller dans la terre des Blancs. Il préférerait plutôt *se trancher les mains* avec, il

hacherait l'air et fendrait le vent, mais il ne ramasserait pas la malédiction. Tenus dans la boutique, ces propos entrèrent dans l'oreille d'un grand nègre rouge, un dénommé Amboise... qui sourit en les entendant et dit... voilà ce que doit faire le nègre plutôt que d'entrer dans les piquants de la canne : *se trancher la main droite et en faire présent aux Blancs* (*Pluie et vent*, 84, je souligne).

Et comment reprocher aux deux personnages de vouloir prendre leurs distances par rapport à ce passé trop proche, de ne pas reconnaître les liens qui les unissent à une terre dont ils n'ont pas encore pu faire leur pays, de ne pas se sentir concernés par une production artificielle qui n'aiderait pas une nation guadeloupéenne à se constituer ? Même la narratrice reconnaît qu'en se faisant coupeur de bois plutôt que ramasseur de canne, Élie avait « échappé à la malédiction » (84), et la décision des deux hommes impose le respect. Toutefois, il est à noter que Télumée elle-même aura l'occasion d'apporter son point de vue sur le travail des coupeurs de canne, et le texte invite le lecteur ou la lectrice à constater que son attitude est fort différente de celle de ses deux compagnons : face à la même souffrance, la réponse des deux hommes et celle de la femme est de nouveau radicalement opposée. Il ne semble pas que la narratrice condamne la décision de ses deux compagnons, mais nul commentaire omniscient ne vient non plus les féliciter de leur courage et de leur indépendance. Au contraire, il semble que la voix de la narratrice préserve une certaine distance vis-à-vis du discours qu'elle rapporte : les réactions d'Élie sont qualifiées de « transes », de fureurs qui restent « incompréhensibles » et qui contrastent violemment avec le rappel des « rêves » qu'il faisait lorsqu'il était enfant et allait à l'école : Élie, enfant, rêvait d'être douanier, fonctionnaire du gouvernement français en somme, fonctionnaire probablement subalterne et exploité à d'autres titres que les coupeurs de canne. En rappelant que le « rêve » d'Élie était devenu une série de « visions confuses », Télumée essaie-t-elle de suggérer discrètement qu'Élie était aveugle aux formes insidieuses de l'oppression qui l'accablait ? En rapportant ses paroles et celles d'Amboise au style indirect libre, ne semble-t-elle pas prendre ses distances par rapport à une forme de révolte qui a certes le mérite d'exister (elle ne songe pas à le nier) mais qui a le désavantage de pousser une fois de plus le « nègre » à une forme de suicide ? Le texte (lui) ne tranche jamais, mais propose une alternative : Télumée, confrontée aux piquants de la canne, ne pensera pas à se couper les mains. Au contraire, retrouvant le geste de la guérisseuse, de celle qui panse les blessés, elle se *bande* les mains, sur les conseils d'une autre femme : « sur les conseils d'Olympe, j'avais entouré mes mains de bandages serrés très fort » (*Pluie et vent*, 199). Télumée se protège, tâche de mettre son corps à l'abri de la douleur, et lorsque la protection fait obstacle à sa liberté de mouvements et se révèle insuffisante, elle y renonce mais ne cherche en aucun cas à s'automutiler : « mais ces diables de piquants s'enfonçaient dans les linges, mes doigts comprimés ne m'obéissaient plus et bientôt je rejetai toutes ces bandes, entrai carrément dans le feu des cannes » (*Pluie et vent*, 199). Et bien que sa réaction puisse aisément être interprétée comme un renoncement, il me semble au contraire que Télumée réussit à incarner une résistance originale, propre à la femme, adaptée à la forme d'oppression qu'elle subit et peut-être capable d'être utilisée (ou au moins analysée) par d'autres groupes. Elle ajoute une dimension féministe à la critique des penseurs prestigieux qui ont colporté la théorie selon laquelle la mort du Noir martyr était la forme la plus sublime de résistance.

Peut-être le colonisé, aliéné même dans sa conception de la révolte, n'a-t-il pas d'autre option et se croit-il obligé de choisir, comme Amboise « sa forme de mort ». Mais l'imagination de la colonisée, de l'opprimée, lui propose visiblement d'autres images, d'autres solutions. Il faut peut-être lire les textes des romancières noires américaines pour trouver un commentaire original, une perspective nouvelle sur la tentation de l'automutilation qui semble toujours présente chez les héros noirs menacés. Dans *Sula*, deux personnages féminins semblent répondre à la question rhétorique de Sartre (« qu'est-ce qu'il lui reste à perdre [au peuple] ? »), et l'une des petites filles au moins est convaincue qu'elle a effectivement beaucoup à perdre. Nell et Sula, les deux héroïnes du roman, se

trouvent un jour confrontées à un groupe de jeunes adolescents blancs qui ont déjà malmené Nell et qu'elles avaient
jusqu'alors réussi à éviter. Pour leur échapper, Sula, en un
moment de révolte émouvant et tragique, décide de leur donner
un gage de sa volonté de révolte : pour les assurer qu'elle
est déterminée à se battre et à protéger sa vie... elle se coupe
un doigt.

> Holding the knife in her right hand, she pulled the slate
> toward her and pressed her left forefinger down hard on its
> edge. Her aim was determined but inaccurate. She slashed
> off only the tip of her finger. The four boys stared open-
> mouthed at the wound and the scrap of flesh, like a button
> mushroom, curling in the cherry blood that ran into the cor-
> ners of the slate.
>   Sula raised her eyes to them. Her voice was quiet. « If I
> can do that to myself, what you suppose I'll do to you ? »
> (Morrison, 54-55) [10].

La réaction de Sula, dans sa violence et sa détermination,
semble d'abord honorée par le texte qui reste muet devant
une telle démonstration de force. Mais à la fin du roman,
le lecteur découvre soudain une autre version de l'événement,
une interprétation inattendue qui retire à Sula la gloire de son
geste. Alors que son « courage » est devenu presque mythique et que son geste est entré dans l'histoire comme une victoire dans la lutte contre l'oppression toujours possible, Nell,
la seule à avoir assisté à la scène, réécrit l'épisode une fois
devenue adulte. Nous découvrons alors que, pour elle, le geste
de Sula était motivé par la peur et non par un sentiment de
révolte, et Nell suggère même qu'elle condamne sa réaction
et la juge néfaste et irresponsable.

---

10. [Le couteau dans la main droite, elle attira l'ardoise à elle, posa l'index gauche sur la tranche et appuya bien fort. Son geste était résolu mais manqua de pré-
cision. Elle ne trancha que le bout de son doigt. Les quatre adolescents restèrent
bouche-bée, fascinés par la plaie et le lambeau de chair, petit champignon en bour-
geon fleurissant dans le sang rouge cerise qui coulait aux coins de l'ardoise.
    Sula leva les yeux vers eux. Sa voix était calme.
    « Si je peux me faire ça, qu'est-ce que vous croyez que je vais vous faire ? »
(je traduis)].

> When it came to matters of great importance, she behaved emotionally and irresponsibly and left it to others to straighten out. And when fear struck her, she did unbelievable things. Like that time, with her finger. Whatever those hunkies did, it wouldn't have been as bad as what she did to herself. But Sula was so scared she had mutilated herself, to protect herself (Morrison, 101)[11].

Pour Sula, comme pour beaucoup de femmes et d'hommes noirs, le pouvoir de dissuasion passe par l'auto-destruction. Et le commentaire de l'autre fillette souligne ce que cette stratégie a de dérangeant. Si Sula doit se détruire pour éviter qu'on la détruise, est-elle acculée à un paradoxe dont on ne voit plus l'issue ? De plus, si le seul moyen de se protéger consiste à faire subir à l'autre les violences extrêmes qu'on est capable de s'infliger, n'y a-t-il pas danger de se perdre d'une autre manière : la compagne de Sula n'est-elle pas en train de soulever l'éternelle et angoissante question que Tituba posait à son ami Iphigene au moment où il s'apprêtait à déclencher une révolte sanglante :

> Les enfants aussi périront ? Les enfants au sein ?
> Les enfants aux dents de lait ? Et les fillettes nubiles ?
> …
> Je baissai plus bas la tête et murmurai :
> Devons-nous devenir pareils à eux ?
> (*Tituba*, 249).

Je ne crois pas qu'il faudrait ici interpréter, comme Memmi le ferait, que la femme a « moins le souci de l'humanité abstraite ». Comme Télumée, comme le narrateur du *Cahier d'un retour au pays natal*, Tituba semble refuser la haine, non pas par pusillanimité (son hésitation ne consiste pas à se refuser les moyens de sa politique, à reculer par exemple devant le

---

11. [Pour tout ce qui comptait vraiment, ses réactions étaient impulsives et irresponsables, et elle laissait aux autres le soin de tout arranger. Et lorsque la peur l'assaillait, elle réagissait de façon incroyable. Comme ce jour-là, le jour du doigt. Quoi qu'aient pu faire ces Blancs, ce n'aurait pas été pire que ce qu'elle s'était fait à elle-même. Sula avait eu si peur qu'elle s'était mutilée, pour se protéger. (Je traduis)]

terrorisme, la révolte « absolue »)[12], mais parce que la haine détruit aussi les Rebelles, et qu'ils ou elles ne devraient pas avoir à gaspiller leur énergie à faire la démonstration sur leur corps de ce qu'ils ou elles pourraient faire subir à l'ennemi[13].

La formule de Césaire, dans le *Cahier*,

> ...mon cœur, préservez-moi de toute haine
> Ne faites point de moi cet homme de haine pour qui
> je n'ai que haine (*Cahier*, 50)

pourrait donc se lire à la lumière des leçons de Télumée, non plus comme un cri « humanitaire », un appel implicite à un sens moral qui condamnerait la haine du prochain, mais plutôt comme la découverte de la haine comme tactique dangereuse et autodestructrice. Télumée semble donc déterminée à trouver une autre voie que la mort ou l'automutilation, qu'elles soient motivées par une haine vengeresse, sournoisement inspirées par les mythologies blanches, ou envisagées comme les seules formes d'opposition efficaces. La mort d'Amboise, qui la prive de son compagnon sans que les ouvriers qui lui avaient demandé son appui n'obtiennent quoi que ce soit pour le prix de sa vie, confirme que la « mort du héros », malgré toute la séduction que le schéma comporte, est un piège où le Noir vient mourir de mort dérisoire.

La mort d'Amboise est en effet l'un des moments les plus décourageants du roman de Schwarz-Bart car la narration refuse de faire de lui un héros et relève minutieusement tous les éléments qui font de sa disparition une perte inutile, un geste désespérément gratuit. Alors qu'il a toujours évité d'entrer dans les champs de canne, Amboise n'ose pas refu-

---

12. « Le refus du colonisé ne peut être qu'absolu, c'est-à-dire non seulement révolte, mais dépassement de la révolte c'est-à-dire révolution » (Memmi, 174).

13. C'est peut-être ainsi qu'il faudrait lire la série des deux romans historiques de Daniel Maximin, *L'Isolé Soleil* et *Soufrières* : Dans son compte rendu publié dans *The American Book Review*, Clarisse Zimra suggère que l'acte « héroïque » de Delgrès, se faisant sauter avec trois cents soldats et leurs familles, est sérieusement remis en question par la présentation du journal d'une femme : de la mère de l'héroïne. « L'histoire jusqu'alors occultée dans les manuels d'histoire des Blancs, ne parle ni dans les faits, ni à l'intérieur de chaque interprétation subjective mais dans les tensions et les contradictions d'histoires divergentes » (Zimra, 7, je traduis).

ser de servir de porte-parole aux coupeurs qui ont déclenché une grève pour obtenir deux sous d'augmentation. La « malédiction » à laquelle il aurait préféré sacrifier un de ses bras le rattrape de façon insidieuse lorsque les coupeurs en appellent à sa solidarité sous prétexte que son séjour en France lui confère une autorité d'orateur, de « nègre savant » (*Pluie et vent*, 221). Le récit ne suggère en aucun cas qu'Amboise se sent valorisé par la confiance de ses camarades, il va à la mort comme on obéit à un Destin, persuadé de ne pas avoir le choix. Mais le discours qu'il adresse aux autorités n'obtient aucune réponse. Ce que voyant, les ouvriers assemblés s'agitent, menacent, jusqu'au moment où « quelqu'un », un coupable anonyme non identifié par le récit, fait actionner les chaudières de l'Usine. Amboise est brûlé vif, anti-héros sans nom, sans meurtrier, presque sans cause, sans efficacité politique ou mythique, et même son corps sans vie est privé des rituels antillais qui auraient fait de la veillée un moment mémorable, un moment de reconnaissance : « Après une veillée sans parole, sans chant, sans danse, on le porta précipitamment au cimetière de la Ramée, car les brûlures avaient hâté la décomposition des chairs » (*Pluie et vent*, 222). Même les survivants sont réduits au silence, Amboise ne rentre dans l'histoire ni comme rebelle vainqueur, ni comme héros martyr. La langue du colonisateur, celle qu'il avait apprise en France et qui a fait de lui l'intermédiaire tout désigné, se révèle être l'instrument de sa destruction. Le récit, tristement ironique, parachève la peinture d'une mort dérisoire en soulignant cruellement : « Comme les nègres avaient compris, spontanément repris le travail, l'Usine annonça que les deux sous étaient accordés » (*Pluie et vent*, 225). Au lieu de faire d'Amboise l'agent de cette amélioration infime, le texte raconte les deux épisodes sans les lier, refusant d'établir une causalité historique qui pourrait donner un sens à la mort des ouvriers. On se rappellera la révolte anonyme : ce sera « la Grève à la Mort » (*Pluie et vent*, 225).

La voix de Télumée peut donc être entendue comme un message subtil et complexe : en refusant d'enjoliver une situation catastrophique (pourquoi ferait-on toujours référence à l'abolition de l'esclavage comme si cette étape évidente devait suffire à satisfaire un peuple ?), la narratrice fait office d'historienne, mais non pas au sens de chercheuse livresque dont les essais revendiquent un statut de discours de vérité. Télumée historienne cherche à ne pas laisser échapper sa propre version, c'est-à-dire le sens de sa propre vie. Cette chronique ne prétend pas accumuler les faits, ce n'est pas dans un but de documentation que la narratrice nous offre sa vision du passé. Comme tous les critiques post-barthésiens, Télumée est consciente que le désir de raconter, de faire cadeau de son récit aux lecteurs, est aussi une recherche du sens, une façon de se choisir un ordre. Sa révolte consiste à éviter le piège du silence (celui qui entoure la mort d'Amboise par exemple), à contrebalancer l'histoire qu'on cherche à lui imposer (les « paroles des Blancs » qui fabriquent des livres d'histoire, des schémas de résistance, des images de héros martyrs qui sont peut-être responsables de la mort de Ti Paille), et à remédier à l'impression de décousu, de dérisoire et de fragmenté qui caractérise le temps antillais. Elle est semblable aux membres de sa communauté qui, devant la mort de l'ange Médard (un autre personnage du roman),

> [...] s'amassaient en silence, devant la case, contemplant la scène qui se déroulait sous leurs yeux et s'efforçant d'en tirer une histoire, déjà, une histoire qui ait un sens, avec un commencement et une fin, comme il est nécessaire, ici-bas, si l'on veut s'y retrouver dans le décousu des destinées (*Pluie et vent*, 238).

Devant chaque mort, Télumée choisit de garder une mémoire, une trace, et son rôle finit par se confondre, dans sa lucidité et son obstination, avec les intentions annoncées par l'auteur qui souhaitait « ne pas laisser échapper une fois de plus un pan de notre histoire... tout un univers antillais que je voyais dilapider, une partie de notre capital » (T.E.D., 18).

Comme toute historienne, Télumée choisit son récit, opère des choix idéologiques, et sa chronique est aussi une réflexion sur les formes de résistance qu'elle décrit (c'est-à-dire juge et commente). Sa position est ambiguë et délicate parce qu'elle semble, *a priori*, renforcer des schémas qui ont maintenu les peuples opprimés sous la domination des plus forts. Décrire avec scepticisme les personnages qui sont prêts à « faire le sacrifice de leur vie pour leur cause » revient à jeter le discrédit sur leur geste. Mais si l'on replace Télumée dans une tradition littéraire antillaise, si on la compare au Rebelle ou à Delgrès, le roman de Schwarz-Bart nous apprend que le récit qui consiste à parler de « donner sa vie pour la cause » a un sens différent selon le contexte de pouvoir. Les doutes de Télumée sont légitimes et son histoire est une dénonciation subtile des liens que la tentation de l'héroïsme entretient avec l'oppression elle-même : d'une part, le « héros » ne succombe-t-il pas à une pulsion mimétique, n'est-ce pas une stratégie catastrophique ? D'autre part, le désir d'autodestruction ne lui a-t-il pas été dicté par la haine de soi soigneusement encouragée par l'oppresseur ? La mort des personnages n'est-elle pas toujours, d'une manière ou d'une autre, le résultat d'un des aspects de la colonisation devenue tellement insidieuse que toute révolte ouverte manque désormais son but ?

Enfin et surtout, Télumée suggère à ses lecteurs qu'ils ont peut-être eu tort d'intégrer le mythe selon lequel l'opprimé(e) n'a que le choix entre la mort héroïque et la survie dans la lâcheté. L'endurance de Télumée n'est pas faite de résignation, elle est le résultat d'un travail, d'une poétique au sens étymologique du terme. L'acharnement avec lequel elle tisse les métaphores de sa survie, avec lequel elle fabrique le récit qui recoudra le tissu déchiré de sa vie, ne ressemble en rien à une acceptation fataliste. Visionnaire et poète, elle tire les mythes nécessaires à sa survie de l'imaginaire de sa propre communauté. Pour faire exister une position historique qui refuserait à la fois la soumission et une rébellion suicidaire, elle fait appel au folklore de son peuple, aux expressions de sa propre langue. Elle parvient même à découvrir une complicité avec la terre qu'Élie et Amboise, comme Delgrès, avaient perdue à tout jamais. Tyrannisée par les caprices incompréhensibles ou trop prévisibles de Madame Desaragne, c'est au sol de son pays, à ses rivières et à ses rochers qu'elle demande des modèles de résistance et de survie :

> Je ne songeais qu'à manœuvrer, me faufiler à droite, à gauche, avec une seule idée au milieu de mon cœur : il me fallait être là, comme un caillou dans une rivière, simplement posé dans le fond du lit et glisse, glisse l'eau par-dessus moi, l'eau trouble ou claire, mousseuse, calme ou désordonnée, j'étais une petite pierre (*Pluie et vent*, 92)[14].

Déterminée à sortir « intacte » du travail de sape que sa maîtresse lui fait subir, elle cherche un appui dans les paroles de Man Cia, la dormeuse, et ses images naissent du créole[15] :

> Je me faufilais à travers ces paroles comme si je nageais dans l'eau la plus claire qui soit, sentant sur ma nuque, mes mollets, mes bras, le petit vent d'est qui les rafraîchissait, et me félicitant d'être sur terre une petite négresse irréductible, un vrai tambour à deux peaux, selon l'expression de Man Cia, je lui abandonnais la première face afin qu'elle s'amuse, la patronne, qu'elle cogne dessus, et moi-même par en des-

---

14. Au contraire, Delgrès est celui qui ne sait pas faire confiance à la géographie : s'étonnant de ses stratégies désastreuses (« Qu'allait donc faire Delgrès au Matouba ? [...] Et pourquoi n'a-t-il pas fait sauter plutôt le fort Saint-Charles, incendiant Basse-Terre, ou n'a-t-il pas tenté avec Ignace de réoccuper Pointe-à-Pitre, même par une attaque suicide ? », *L'Isolé Soleil*, 86), Adrien se demande : « Avait-il déjà choisi de mourir avec la complicité de l'histoire plutôt que d'espérer le secours de la géographie ? » De même, Jonathan, de façon plus imagée, représente son chef comme un mauvais imitateur : « ...Compagnon Delgrès, quand on veut imiter le volcan, il n'est pas sage de le faire à moitié » (*L'Isolé Soleil*, 56). Cet échec du mimétisme-qui-ne-va-pas-jusqu'au-bout décrit d'ailleurs tout aussi efficacement la position ambiguë de Delgrès qui cherche à obtenir la libération de sa communauté tout en respectant le code moral de l'armée ennemie.

15. Voir l'analyse que fait Jean Bernabé des rapports entre le créole et les textes de Schwarz-Bart, dans « Le travail de l'écriture chez Simone Schwarz-Bart », dans *Présence Africaine*, nos 121-122, 1er et 2e trimestre 1982 (166-179). On consultera aussi deux ouvrages récents entièrement consacrés respectivement à *Pluie et vent sur Télumée Miracle* et à l'œuvre de Schwarz-Bart dans son ensemble : celui de Monique Bouchard (*Une lecture de Pluie et vent sur Télumée Miracle de Simone Schwarz-Bart*, Paris, L'Harmattan, 1990), et celui de Fanta Toureh (*L'imaginaire dans l'œuvre de Simone Schwarz-Bart : Approche d'une mythologie antillaise*, Paris, L'Harmattan, 1987).

sous je restais intacte, et plus intacte, il y a pas (*Pluie et vent*, 94).

La métaphorisation n'est pas très loin de l'art de la métamorphose que Man Cia maîtrise à la perfection. Devenue tambour, Télumée transforme les coups de sa maîtresse en musique, en chant public destiné à tous ceux qui peuvent l'entendre. Son corps tam-tam parvient à la fois à ne pas occulter la souffrance (la patronne « cogne » sur sa peau) et à en faire le matériau du message qu'elle adresse. Capable de traduire l'oppression dans sa propre langue, ses propres symboles, elle échappe aux dangers des contaminations idéologiques insidieuses qui paraissaient être le résultat inévitable de tout contact avec les Blancs[16].

16. Une première version de ce chapitre a paru dans *Présence Fancophone* sous le titre : « *Pluie et vent sur Télumée Miracle* : je ne mourrai pas même si on me tue » (n° 36, 1990, 73-90). Je remercie la rédaction de m'autoriser à la republier.

4

L'exil chez Aimé Césaire
et Maryse Condé

« Encore une mer à traverser... »

> L'exil s'en va ainsi dans la
> mangeoire des astres portant de
> malhabiles grains aux oiseaux nés
> du temps.
>
> « Oiseaux » *(Ferrements)*

Le dilemme qui pousse Télumée et Delgrès à choisir respectivement la géographie et l'histoire repose la question de l'existence antillaise d'une manière légèrement différente : à quoi la « littérature antillaise » devrait-elle être fidèle ? Quelle loyauté doit-elle à quelle « antillanité » ? Ou bien, quelles « Antilles » se doit-elle de représenter ? L'histoire a fait des Antilles une série d'unités géo-politiques séparées les unes des autres par leur rapport exclusif avec leur métropole respective. Cette « histoire » sera-t-elle toujours en contradiction avec une géographie de l'archipel ? L'histoire qui fait de la Martinique un département français rendra-t-elle toujours impossible la représentation d'un paysage martiniquais autrement que par référence aux paysages basques ou provençaux ?[1] Quelle entité d'origine un texte « antillais » peut-il se permettre de revendiquer ?

A ces questions répondent les bruits obsessionnels de « l'exil », de la distance entre une « littérature » et son « pays » (mais officiellement, ce n'est pas un pays) ou ses paysages (mais une littérature peut-elle se faire reconnaître de son obsession pour la géographie) ? J'interpréterai ce décentrage par rapport à une impossible origine comme le bruit qui dénonce l'existence d'un désir de faire cesser la distance par rapport au pays physique ou symbolique (ce d'où je viens, mais aussi ce qui m'appartient, ce que je contrôle).

Les peuples de la Martinique et de la Guadeloupe ne guériront peut-être jamais de leur exil, ne parviendront peut-être jamais à le définir. Il est ici arbitraire et inutile d'essayer de faire fonctionner une différence entre « exilés », « émigrés », « expatriés », etc. Ce que l'Antillais(e) français(e) quitte n'est ni un pays ni une patrie puisque les îles sont territoires français ; pourtant, les écrits qui résultent de ce déplacement trahissent la même angoisse que celle que décrit Edouard Saïd lorsqu'il analyse le cas des individus déportés par la volonté d'un État totalitaire dans l'essai intitulé « Reflections on Exile ». Alors que l'espoir de retour des exilés, quoique en général illusoire et à jamais différé, reste la solution rêvée à leur détresse, les Martiniquais(es) et Guadeloupéen(ne)s qui partent en Métropole ne sont pas toujours en mesure, dans un premier temps, d'idéaliser le « pays natal » qu'ils ont quitté volontairement. De plus, l'exil n'est pas forcément géographique, et les Martiniquais(es) et les Guadeloupéen(ne)s qui restent sur leur terre « natale » peuvent très bien souffrir du syndrome de l'exilé(e) : le bilinguisme qui oblige toujours le

---

1. Dans une interview accordée à Jacqueline Leiner, Césaire fait par exemple une étrange remarque à propos du double paysage de la Martinique : à l'en croire, le sud de l'île, aux eaux calmes et aux sables blancs, pourrait être qualifié de « Martinique Caraïbe » tandis que le nord (et notamment la ville où le poète est né), constamment agité de violents remous, bordé de sable noir volcanique, lui rappelle au contraire la côte... bretonne. Je me souviens d'avoir été frappée de constater qu'implicitement, c'est cette Caraïbe « bretonne » qui devenait le berceau d'une dignité retrouvée.

sujet parlant à se situer par rapport à une langue et une culture pourrait servir de symbole de ce perpétuel décalage par rapport à un chez soi inaccessible[2].

L'exil a longtemps été la matière première des textes d'Aimé Césaire, d'Édouard Glissant, de Maryse Condé, et sera encore longtemps une source d'inspiration, quoique les textes théoriques les plus récents tendent à se méfier de la tentation de « l'exil » comme d'une nostalgie dangereuse[3]. Comme leurs livres, ces écrivains nés aux Antilles, souvent éduqués en France métropolitaine, échappent aux classifications des anthologies de littérature, échappent au canon qui ne sait quelle place leur assigner.

L'étude du « thème » de l'exil ne soulagera aucune douleur. L'exil ici n'a pas encore de définition satisfaisante, il n'est pas résolu par un « retour » au « pays ». Les textes qui « viennent » des îles et qui y « retournent » sont malades non pas de l'Exil mais d'une série d'exils, ils souffrent d'un départ et d'un retour impossibles, ils sont marqués par l'ambiguïté d'une éternelle conduite de « détour ». Il ne suffit plus de poursuivre la quête des écrivains de la Négritude à la recherche de ce qui serait une « authentique » voix « noire » car les Antilles ne sont pas seulement les héritières de la déportation des esclaves. Pour Édouard Glissant, le « retour » et le « détour » deviennent alors inséparables, et la quasi-homonymie des deux mots nous invite à chercher du côté de la *langue* ce qu'il en est d'une possible définition du « pays natal » pour les écrivains antillais[4].

Lorsque Glissant écrit que le Martiniquais qui décide de quitter son île « n'emporte pas la patrie à la semelle de ses souliers » (*Discours antillais*, 74), il suggère en effet que l'exil a un rapport souvent occulté avec la langue que l'on utilise,

---

2. Pour une discussion des termes qui tentent de classer rigoureusement la misère des différentes formes d'exil, voir le texte de Bob Nixon, « London Calling : V.S. Naipaul and the License of Exile » dans lequel il analyse « the medley of terms-exile, emigrant, émigré, expatriate, refugee, and homeless individual » qui peuvent être utilisés.

3. Voir à ce sujet le *Discours antillais* : « Nous en avons fini du combat contre l'exil. Nos tâches sont aujourd'hui d'insertion » (*Discours antillais*, 265).

4. Voir à ce sujet le chapitre du premier livre du *Discours antillais* qui s'intitule « Le retour et le détour » (28-37).

ici ce français dont les clichés sont en décalage par rapport au vécu antillais. On verra comment chez Césaire, la langue française devient l'objet d'une appropriation et se transforme en instrument stratégique de résistance, mais aussi comment, pour les écrivains antillais de langue et de culture françaises, toute intertextualité non explorée risque d'être d'abord malheureuse : la langue française n'est pas forcément équipée pour parler d'un « pays » qui n'en est pas un, d'un « pays natal » qui n'est pas une origine, d'un « retour » qui ne serait qu'un autre départ, un nouveau détour, de départs joyeux qui se transforment en exils malheureux et deviennent peu à peu l'acceptation d'une « errance » (Condé, 1987, 23), d'un exil infini et irrémédiable. Deux textes me serviront ici d'exemple parce qu'ils ont fait naître l'intuition que, chez les écrivains antillais, la notion d'exil résulte d'une longue prise de conscience, et que souvent ce n'est qu'*a posteriori* que le départ volontaire et souhaité est réinterprété comme un désastre : une séparation déchirante (mais vécue positivement) d'avec une culture antillaise imaginée comme un vide, un néant[5].

1. Un « Cahier » et des « Notes »

En 1939, Césaire, qui poursuit des études à Paris, loin de la Martinique, finit le *Cahier d'un retour au pays natal*. Quarante ans plus tard, Maryse Condé, revenue en Guadeloupe après un « détour » par l'Europe et l'Afrique, emprunte à Césaire l'essentiel de son titre et parle de ses exils dans une communication intitulée « Notes sur un retour au pays natal »[6]. Les deux titres se ressemblent, se rappellent, se

---

5. Pour une étude du rapport entre le voyageur et l'anthropologue (que je rapprocherais du personnage éminemment ambigu de « l'exilé »), voir l'article de James Clifford, « Travelling Cultures », dont le titre fait lui-même écho au texte de Saïd « Travelling Theory » (in *The World, the Text and the Critic*, 226-247).

6. Parue dans *Conjonction : revue franco-haïtienne*, numéro 176, supplément 1987 (7-23). Toutes les références à cette publication seront citées entre parenthèses et le titre sera abrégé : *Notes*.

font écho. Exemple de dialogue intertextuel problématique, le titre de Maryse Condé est-il une référence-hommage au père de la Négritude, au Maître de la littérature antillaise que la romancière reconnaît désormais comme sienne ? Ce titre marque-t-il donc la fin d'un exil littéraire et la prise de possession d'une patrie culturelle ? Il semble que les deux éléments coexistent et que le titre soit aussi un pastiche, un clin d'œil désabusé à une histoire (littéraire) dérisoire qui ne permet pas aux écrivains de changer de problématique, qui les condamne à un ressassement sans fin : il est paradoxal, au moment même où Condé fait allusion à un « pays natal » césairien qui constitue une possible origine, de choisir comme thème l'absence d'origine, et donc la difficulté du « retour ».

De génération en génération, les écrivains antillais qui sont allés étudier et travailler en France ont ceci en commun qu'ils ou elles ne perçoivent pas le premier départ comme un exil, bien au contraire. Maryse Condé décrit son adolescence comme de longues années d'ennui, parle de son île-« *prison* » et de la « mer qu'on ne regardait que pour avoir le désir de *s'échapper* des Antilles » (*Notes*, 9, je souligne). « Le pays natal se réduisait pour nous à un décor, le décor d'un constant ennui. [...] Donc, quand j'ai quitté la Guadeloupe, [...] j'avais l'impression que j'allais enfin commencer à vivre » (Condé, 10). Ce premier départ volontaire est euphoriquement décrit comme la fin d'un confinement, comme une libération. On peut s'étonner que les souvenirs de Maryse Condé fassent écho aux déclarations de Césaire qui affirme à Lilyan Kesteloot : « J'ai quitté la Martinique avec volupté » (Kesteloot, 18). A ce stade, comme si l'expérience césairienne n'était pas entrée dans l'histoire, il n'y a pas d'origine. Le concept même d'exil semble impossible à forger. L'endroit d'où l'exil pourrait être défini a été totalement anéanti par la situation coloniale. Littéralement, le pays natal a été effacé :

> Si on m'avait demandé à ce moment-là « Qu'est-ce que ton pays natal ? », je n'aurais *rien eu à dire* ; j'aurais dit que c'était peut-être deux ou trois palmiers à côté de la mer qui *encadraient le vide, le néant* (*Notes*, 10, je souligne).

Le pays natal est un « vide », un « néant ». A ce stade, le pays n'a pas d'histoire. Interrogée (et il faut remarquer que cette question n'est qu'une hypothèse), Condé n'aurait « rien eu à dire ». Pourtant, peut-être gênée par ce silence hypothétique, elle improvise tout de même une sorte de description de dernière minute (« peut-être deux ou trois palmiers à côté de la mer qui encadraient le vide, le néant ») et ce portrait qu'elle fait de son pays équivaut à un silence puisqu'il ne fait que reprendre les clichés de la littérature exotique : le pays est un vide encadré de palmiers (de ces arbres fétiches qui signalent l'île tropicale comme un panneau routier annonce un virage).

En partant, Condé ne laisse donc « rien » vers quoi elle pourrait revenir. Ce n'est que plus tard, *rétrospectivement*, que les intellectuels antillais peuvent redécouvrir une « patrie » en représentant le peuple des Antilles comme déjà exilé : arraché à l'Afrique et à lui-même. Il est donc frappant de constater que les deux textes de Maryse Condé et d'Aimé Césaire, quoique séparés par une génération littéraire, reprennent la même problématique presque exactement dans les mêmes termes. En 1987, Condé parle de son adolescence comme d'une période où les Antilles ne sont pas *représentables*. De son propre aveu, en 1954, date de son premier départ, elle n'avait « jamais entendu prononcer le nom d'Aimé Césaire » (*Notes*, 10). Pour elle, tout se passe comme si le mouvement de la négritude et la publication de *Tropiques* étaient restés lettre morte[7], et ce qui frappe dans son récit, c'est l'impression persistante que Condé n'a pas de passé littéraire du côté du sol natal. Même Césaire, à qui elle doit son titre, est découvert après coup, en Métropole. Le « pays natal » est un silence, il n'est pas encore peuplé de mots qui soient les siens, il n'y a « rien à dire ». Le précurseur n'existait pas pour elle, et bizarrement, son texte ressemble à celui où Césaire avoue que la littérature antillaise n'existait pas pour lui lorsqu'il s'apprête à quitter la France (« Quand je suis rentré à la Mar-

---

7. Rétrospectivement, là aussi, elle renvoie le lecteur à l'analyse que fait Frantz Fanon de la difficulté pour les écrivains antillais d'avoir accès aux œuvres non-canoniques dans *Peau noire, masques blancs*, notamment le chapitre « L'expérience vécue du Noir » (88-114).

tinique, qu'est-ce que je connaissais ? La littérature française :
Rimbaud, Claudel, Baudelaire » [Leiner, 1978, viii]). La prise
de conscience de l'exil sera donc paradoxale puisque le
« pays » n'est pas la patrie idéalisée vers laquelle se tourne
la nostalgie. Césaire et Condé feront à Paris l'expérience de
leur étrangeté, de leur aliénation, d'un exil négatif par rapport à une communauté métropolitaine qui les exclut sans
qu'ils sachent vraiment où placer leur loyauté, leur appartenance, leur retour. En France, « la première découverte que
je fais, dit Maryse Condé, c'est que je ne suis pas française »
(*Notes*, 10). Ce n'est qu'une fois à Paris, que Condé rejoint
l'itinéraire des auteurs de la génération précédente et commence à soupçonner que l'île-prison était en fait une île déjà
exilée de son origine africaine. Pourtant, même cette origine
est désormais mythique et illusoire : tentée par la « grande
matrice noire », elle s'aperçoit que celle-ci ne veut pas
d'elle[8] et que le retour à la terre noire est un « espoir
raturé » comme le dit Glissant (*Discours antillais*, 105). Dans
ces conditions, le « retour » s'impose comme le seul choix
possible, mais par élimination, par violence. La prise de conscience politique et littéraire qui résulte du contact avec la
France fait aussi du retour la seule stratégie possible pour un
auteur déterminé à participer à la naissance d'une nation et
d'une écriture antillaises. Condé insiste sur ce qu'il lui a fallu
de « bravoure » pour accepter de retourner vers cette prison
qu'elle avait quittée.

Si bien qu'on a l'impression que le retour au pays ne résout
rien, que le départ vers la Martinique et la Guadeloupe sont
des décisions politiques logiques, mais que bizarrement, pour
les écrivains antillais, le « retour au pays natal » est encore
une autre forme d'exil. L'exil est ici perçu comme un décalage permanent non plus entre le sujet parlant et une identité
culturelle ou nationale clairement identifiée, mais entre le « je »
et la communauté au sein de laquelle il ou elle se trouve pro-
visoirement. Chaque déplacement, chaque tentative de retour,

---

8. Voir le roman *Hérémakhonon* qui raconte ce « détour » par l'Afrique et le chapitre que lui consacre Françoise Lionnet (« Happiness deferred », in *Autobiographical Voices : Race, Gender, Self-Portraiture*, 167-190).

chaque nouveau départ rend le « je » de plus en plus conscient de l'écart, de sa différence. L'élément révélateur de cet
exil incessant, de ce retour toujours différé, est donc la mise
en contact entre le « je » et une communauté dont il ou elle
essaie de se faire adopter, qu'il ou elle essaie de reconnaître
comme une patrie, et cette tentative répétée pourrait être rapprochée de ce que Glissant appelle une « entrée en Relation »
(*Discours antillais*, 64) ou une *Poétique de la Relation*.

2. Césaire/Baudelaire : les « voyageurs ailés »

Chez Césaire, la mise en Relation passe par la parole poétique. Le *Cahier d'un retour au pays natal* n'est pas, comme
le sont les « Notes » de Maryse Condé, un récit autobiogra-
phique en prose qui retrace après coup les étapes de la prise
de conscience de l'exil. Vision prophétique de ce que sera
le retour, ce long poème permet au « je » d'anticiper les
mêmes découvertes que celles de la narratrice de « Notes sur
un retour au pays natal ». Dans le *Cahier*, la mise en Relation passe par la confrontation de la langue poétique du « je »
et de la langue de la communauté au sein de laquelle il se
trouve. Le passage que je vais examiner ici, celui que les
critiques ont coutume d'appeler la « scène du tramway », me
paraît être un extraordinaire moment de mise en relation textuelle, un moment de prise de conscience où le narrateur
devient hyperconscient de manipuler une langue et une culture qui le manipulent aussi. Le « je », d'abord tenté par une
réaction d'assimilé (solution ici individuelle), est à deux pas
de s'enfermer dans son exil inconscient et risque de devenir
irrémédiablement autre. Mais l'épisode coïncide aussi avec la
découverte d'une solution, un moment d'illumination pour le
narrateur qui se souvient et raconte.
    Je voudrais en effet montrer que dans ce passage, une réfé-
rence à « l'Albatros » de Baudelaire, qui se glisse d'abord
comme par hasard dans le poème, est immédiatement rele-
vée, dévoilée, explorée systématiquement par le « je » qui se

refuse à occulter le travail du langage susceptible tour à tour de le servir et de le desservir, de l'enrichir et de l'appauvrir, de l'inclure et de l'exclure, de le libérer et de l'opprimer. Je cite l'un à la suite de l'autre le poème de Baudelaire et la rencontre entre le narrateur et un « nègre grognon » dans un tramway parisien :

Souvent, pour s'amuser, les hommes d'équipage
Prennent des albatros, vastes oiseaux des mers,
Qui suivent, indolents compagnons de voyage,
Le navire glissant sur les gouffres amers.

A peine les ont-ils déposés sur les planches,
Que ces rois de l'azur, maladroits et honteux,
Laissent piteusement leurs grandes ailes blanches
Comme des avirons traîner à côté d'eux.

Ce voyageur ailé, comme il est gauche et veule !
Lui, naguère si beau, qu'il est comique et laid !
L'un agace son bec avec un brûle-gueule,
L'autre mime, en boitant, l'infirme qui volait !

Le Poète est semblable au prince des nuées
Qui hante la tempête et se rit de l'archer ;
Exilé sur le sol aux milieux des huées,
Ses ailes de géant l'empêchent de marcher.
(Baudelaire, 11-12)

Et moi, et moi,
Moi qui chantais le poing dur
Il faut savoir jusqu'où je poussai la lâcheté.
Un soir dans un tramway en face de moi, un nègre.
[...]
La misère, on ne pouvait pas dire, s'était donné un
mal fou pour l'achever. [...]
Et l'ensemble faisait parfaitement un nègre hideux,
un nègre grognon, un nègre mélancolique, un
nègre affalé, ses mains réunies en prière sur un
bâton noueux. Un nègre enseveli dans une vieille
veste élimée. Un nègre comique et laid et des
femmes derrière moi ricanaient en le regardant.

Il était COMIQUE ET LAID,
COMIQUE ET LAID pour sûr
j'arborai un grand sourire complice...
Ma lâcheté retrouvée !
(*Cahier*, 40-41)

Pour M. a M. Ngal, « cette scène s'enracine dans le pittoresque quotidien du Quartier Latin. Elle fut réellement vécue » (Ngal, 203)[9]. Alors que Ngal vient de consacrer tout un chapitre de son étude à « l'école des maturités étrangères », et notamment au recensement des influences philosophiques et littéraires, il ne lit pas la scène du tramway comme un exemple d'intertextualité »[10]. Classé sous la rubrique « autres sources » (Ngal, 202), ce passage est considéré comme un des tableaux qui retracent « l'expérience collective du nègre dans le temps et l'espace » (Ngal, 202).

J'aimerais pourtant suggérer que le « nègre comique et laid » souligne ce qu'a de délicat la réécriture d'un espace-temps « nègre », d'un « vécu », lorsqu'on écrit en français. Cette scène que Ngal qualifie de « banale » (Ngal, 202) n'échappe pas aux problèmes des influences littéraires. Au contraire, elle montre en quoi ces influences sont problématiques : ce passage du *Cahier* est la rencontre du nègre-grognon, et du narrateur, mais aussi la rencontre entre l'écriture de Césaire et

---

9. Ngal cite à ce propos l'entretien qu'il a eu avec Aimé Césaire en 1967 : « C'est un peu de vécu... C'était un type qui hantait le Quartier Latin. Il s'appelait Hannah Charley. Un homme très bizarre, moitié cinglé [...] mais qui était moitié philosophe, moitié clochard, qui fréquentait le Quartier Latin et qui interrogeait chaque étudiant noir. Il avait des moments de prospérité et des moments de misère. Il était originaire de la Guadeloupe. Le tableau ne se rapporte pas uniquement à lui, j'ai dû mêler d'autres personnages » (cité par Ngal, 203).
10. Ngal a recherché les échos qui se produisent pour un « étudiant français » entre les textes de Césaire et les textes du canon. S'établit ainsi un système de correspondances entre Césaire, Rimbaud, Claudel, Saint-John Perse, Péguy, les surréalistes, etc. D'autres essais cherchent à proposer des « dialogues intertextuels » (voir Cailler, *Proposition poétique*, 32) entre les œuvres de Césaire, Corneille et Giraudoux par exemple. Dans son chapitre intitulé « Le mot ou une écriture en situation », Bernadette Cailler cherche de plus à définir la nature du lien qui unit les textes rapprochés. Pour elle, la parole « chez les poètes de la Négritude » fait preuve « d'une intertextualité de l'écriture particulièrement dense où se nouent intimement la connaissance et le refus, l'abandon et la révolte » (*Proposition poétique*, 32).

celle de Baudelaire. L'épisode met en relation deux hommes noirs (le narrateur et le « nègre grognon »), mais aussi deux poètes, deux discours. Il met aussi en relation l'espace-temps des individus et l'espace-temps de l'écriture. Il nous permet d'être témoin de la création ou de la mise en scène de communautés en train de se constituer, des conflits qui en résultent, des choix multiples occasionnés par ces multiples rencontres.

La scène du tramway est écrite autour d'une réminiscence baudelairienne qui devient soudain consciente d'être une citation : non seulement un « dialogue textuel » (*Proposition poétique*, 32) s'établit, mais le texte se prend en flagrant délit d'utilisation (dangereuse) de « sources », « d'origines ». La prise de conscience est étroitement liée au contexte référentiel de la scène et fait coïncider la référence baudelairienne avec un moment où le poète confesse une (auto)trahison. La modification progressive du rapport avec la poésie de l'autre devient un acte politique et le poème démontre magistralement que l'intertextualité ne se limite pas à un problème de forme littéraire et touche une communauté bien plus étendue que le cercle restreint des critiques. La mise en relation de textes complices ou rivaux sert ici à la fois à créer des frontières entre communautés de lecteurs et à remettre ces frontières en question, à mettre en relief les différences et les ressemblances entre lecteurs/trices et personnages du *Cahier*, à créer des réseaux d'appartenance et d'exclusion par rapport auxquels le poète (et le « je » qui lit) doivent définir leur place, leur nostalgie, leur exil.

Le travail de mise en relation suit trois étapes qui correspondent à trois références successives au même poème de Baudelaire : « Un nègre comique et laid et des femmes derrière moi ricanaient en le regardant / Il était COMIQUE ET LAID, / COMIQUE ET LAID pour sûr ». La répétition du même syntagme évite d'occulter le processus de mise en relation qui risquerait sinon de se transformer en une assimilation intertextuelle passive de la part du poète noir (on connaît la distinction qu'établissait Léopold Senghor entre assimiler et être assimilé)[11].

La première apparition du syntagme « comique et laid » crée un monde simple et binaire où le « nègre grognon », grotesque et méprisé, s'oppose aux femmes qui ricanent et avec lesquelles le poète s'identifie :

> Un nègre comique et laid et des femmes derrière moi
> ricanaient en le regardant.

A ce moment du récit, le narrateur nous présente le « nègre », isolé de tous, et qui n'a plus rien en commun avec le poète assimilé, solidaire et complice des femmes, inconscient de tout lien avec le personnage misérable qu'il regarde curieusement. Le lien entre le poète et sa race a été coupé par la langue qu'il utilise pourtant comme si elle était à son service. Les adjectifs « comique et laid », sur lesquels aucun guillemet n'attire l'attention, s'infiltrent d'abord dans le poème sans que le narrateur ne s'aperçoive qu'ils appartiennent à un « ready-made » de la langue et de la culture ; la réminiscence baudelairienne apparaît d'abord sans aucune marque de citation, sans distance, irrémédiablement absorbée par la parole que le poète croit parler et qui en fait le parle. Partie intégrante de la langue dite française, la référence pourrait très bien à ce stade demeurer obscure, et nul n'exige du poète qu'il se réclame ici de la communauté restreinte des « étudiants français plus ou moins cultivés »[12] parmi lesquels il pourrait se sentir chez lui. Les lecteurs ne souffriront pas d'un sentiment d'incompétence s'ils n'identifient pas « comique et laid » comme une citation. Certains auront probablement l'intuition d'un moment intertextuel sans pour autant que le sens du passage ne devienne irrémédiablement obscur si le souvenir vague ne se précise pas. Tout francophone peut se

---

11. Voir l'article « l'esthétique négro-africaine » (*Livre 1*, Paris, Seuil, 1964).
12. Césaire se décrit lui-même ainsi à cette époque-là : « J'ai subi les mêmes influences que tous les étudiants français plus ou moins cultivés subirent à cette époque » (Leiner, 1978, vol. 1, viii).

satisfaire de comprendre l'expression « comique et laid » qui
est, comme la langue du narrateur, parfaitement assimilée.

Cette référence, qui pourrait ne pas en être une, symbolise la possibilité de « l'assimilation » culturelle que certains
chercheurs considèrent comme impossible[13] mais, bien entendu, la rend extrêmement problématique ; car comment se
réjouir de cette forme d'assimilation puisque l'expression
« comique et laid » sert à opprimer celui que je viens de créer
comme autre : le Noir, le Noir pauvre, celui qui n'a désormais plus rien en commun avec le poète, et qui est traité
comme un objet de curiosité et de dérision. En choisissant
ces deux adjectifs, le « je » s'exclut de tout un groupe de
« nègres » miséreux et grognons auquel il refuse absolument
d'appartenir. Il maîtrise suffisamment la langue du colonisateur pour pouvoir considérer sa parole comme l'origine sans
guillemet, comme un message libre et sans attaches. Contrairement par exemple à toute la tradition des « slave-narratives »
afro-américains, dont les auteurs se réclament souvent de
l'autorité d'un Blanc connu ou puissant chargé d'étayer la
véracité de leur récit, Césaire n'a pas besoin de citer Baudelaire pour parler d'un « nègre comique et laid ». Mais au
moment même où il a l'impression de posséder la langue,
la langue le possède puisqu'elle l'oblige à véhiculer l'idéologie dont elle est porteuse. Plus le poète assimile ce langage,
plus il le fait sien, plus les guillemets (c'est-à-dire la distance)
manquent, et plus il s'exile de ce peuple de « nègres grognons » avec lequel il ne reconnaît plus la moindre affinité,
la moindre ressemblance. La première apparition de la réminiscence s'accompagne probablement de la même « volupté »
que le premier départ vers Paris : le poète subit un exil dont
il n'a pas conscience, son étrangeté est devenue aliénation.
Le signe de cette aliénation est un moment de ce « délire ver-
bal » dont parle Mudimbe[14], ce décalage entre idéologie et

13. Memmi soutient, dans le Portrait du colonisé, que l'assimilation n'est pas seulement indésirable pour des raisons idéologiques évidentes mais tout simplement impossible parce qu'en réalité, le colonisateur ne la désire absolument pas (Voir le chapitre intitulé « Impossibilité de l'assimilation » 153-55).

14. Voir notamment L'odeur du père. Essai sur les limites de la science et de
la vie en Afrique noire. Dans cet essai, Mudimbe décrit magistralement le délire

sujet parlant que Glissant, Fanon[15] et Sartre dénoncent dans leurs textes théoriques. Dans « Orphée noir », Sartre remarque que l'école n'apprend pas seulement au « nègre » les mots « noirs » et « blancs » mais plutôt l'existence d'un couple hiérarchisé : « en le livrant au nègre, l'instituteur lui livre par surcroît cent habitudes de langage qui consacrent la priorité du Blanc sur le Noir » (Sartre, xxi). Il est devenu banal de faire remarquer que, si une couche sociale parvient à réussir son assimilation, elle aura adopté « l'idéologie donnée avec l'enseignement. Elle deviendra vite le véhicule de la pensée officielle » (*Discours antillais*, 70). L'exil consiste alors à n'être de nulle part, à n'être que le « véhicule », le lieu de passage d'une langue, à se « perdre » dans les mots :

> Comment ne pas voir qu'une communauté ainsi accoutumée à l'emploi des mots qui pour elle et si visiblement ne correspondent à aucune réalité sinon projetée en phantasmes, peu à peu se perd dans un usage irréel, et par conséquent irresponsable, des mots ? (*Discours antillais*, 123)

Si la première apparition de la réminiscence fait partie intégrante de la parole du poète et déteint idéologiquement sur l'ensemble de son texte, la deuxième étape du travail de mise en relation est une *révélation* au sens où les photographes emploient le terme : une image apparaît soudain là où rien n'était jusqu'alors visible. « COMIQUE ET LAID » se détache désormais en lettres capitales qui n'avouent pas explicitement le statut de citation mais représentent graphiquement un moment de prise de conscience : pour nous, les deux adjectifs sont désormais incontournables, hyper-visibles, nous ne

---

dont souffre le discours de l'Occidental(e) qui tâche de décrire l'Autre mais aussi celui de l'Africain(e) qui parle de son propre continent. La notion « d'écart » qui servirait de signe de décalage culturel au sein d'un discours est à rapprocher du poème de Césaire et de la représentation poétique de la prise de conscience de la mise en relation textuelle.

15. Dans le tout premier chapitre de *Peau noire, masques blancs*, consacré au rapport entre le « Noir et le langage », Fanon écrit : « Parler, c'est surtout assumer une culture, supporter le poids d'une civilisation » (13). La métaphore du fardeau est remarquablement significative dans le contexte du poème de Baudelaire où l'Albatros essaie en vain de prendre son envol.

pouvons plus nous en détourner. Les deux mots nous sautent aux yeux comme si leur agrandissement correspondait au moment où ils sont soudain devenus audibles pour le poète en tant qu'éléments étrangers à sa propre parole.

Les lettres capitales établissent une distance, une différence entre celui qui accuse le Noir grognon et le sujet parlant. Désormais, le « je » sera en décalage perpétuel par rapport au groupe avec lequel il cherchait à s'identifier. Non pas que le poète cherche à refuser la responsabilité de son jugement, mais une présence étrangère apparaît autour de laquelle les alliances vont se reconstituer.

En mettant en relief la référence jusqu'alors invisible, en admettant graphiquement que ces deux adjectifs sortent de l'ordinaire, le poète accomplit un geste doublement subversif : il s'exile volontairement des mots qu'il croyait siens et de l'idéologie rassurante qui faisait de lui un assimilé. En représentant, par sa parole poétique, un moment de prise de conscience, en nous mettant en présence du moment où il s'aperçoit qu'il cite, il admet d'abord qu'il a été dupe de ce qu'il croyait être sa propre parole, il se met en retrait, à l'extérieur, il fait de Baudelaire, poète blanc canonisé, l'origine du discours. Le narrateur découvre qu'il est aliéné, qu'un autre parle à sa place. La mise en relation textuelle « sépare le poète d'un univers qu'il croyait erronément être le sien » (Songolo, 45). Et brusquement, le sens de tout le passage se transforme, comme par magie : tout à coup, le sens des deux adjectifs s'enrichit et se métamorphose, parce que le contexte a changé, et que la référence à « l'Albatros » a modifié les forces en présence. Ce passage du poème me paraît offrir une représentation, remarquablement économique, d'un moment de prise de conscience, qui, pour Césaire, a peut-être duré des années. Les conclusions du mouvement de la Négritude, notamment la décision de ne plus laisser l'idéologie colonialiste contaminer la parole poétique, la recherche d'une authentique voix noire, sont ici condensées en un moment de révélation qui peut faire office de mythe fondateur. L'intertexte baudelairien, même si on le perçoit comme texte témoin de la puissance coloniale, en devient donc libérateur.

Le « nègre grognon » n'est plus seulement comique, il devient soudain une image positive, celle de l'oiseau libre et majestueux, incompris par les hommes d'équipage qui « pour s'amuser » l'ont exilé loin de l'habitat naturel pour lequel il était merveilleusement adapté. Le tramway parisien devient similaire aux « planches » du navire, et apparaît soudain comme un pis-aller par rapport à l'espace aérien que l'albatros maîtrise. Un premier lien se fait visible entre ce nègre grognon et le poète : comme lui, le poète est un « voyageur ailé » exilé qui a traversé les mers sur les planches des bateaux des hommes. Sans faire intervenir la solidarité que la situation colonialiste a peut-être irrémédiablement détruite ou rendue impossible à définir, le texte force le poète à percevoir la ressemblance là où il ne voulait voir que la présence incongrue de l'Autre comique et laid. Le départ, le voyage et le voyageur ailé prennent un sens tout nouveau, peignent un portrait où le « je » est obligé de se reconnaître. Dans un entretien avec Daniel Maximin, Césaire a décrit le *Cahier* comme le « départ », « le grand coup d'aile, il y a Icare qui se met des ailes et qui part » (Maximin, 1983, 11). Deux images identiques renvoient désormais au Noir misérable et au poète, la mise en relation textuelle qui opprimait d'abord le noir non assimilé se retourne ironiquement contre le poète qui cherchait à s'exiler volontairement. Malgré tous les efforts de l'assimilé pour se démarquer, il apparaît qu'il ne peut ignorer le sort que les « hommes d'équipage » font subir à l'albatros parce qu'il fait lui-même partie de la race des voyageurs ailés. A présent, deux groupes sont en présence et l'on ne peut ignorer que leurs rapports sont marqués par une violence devant laquelle le poète ne pourra pas rester neutre. Il est clair que deux groupes s'opposent en une lutte tragique qui ne peut laisser le poète (littéralement) in/différent : il doit se résigner à choisir sa patrie, il doit se reconnaître « albatros » ou « membre de l'équipage », et le choix n'est plus aussi facile que lorsqu'il s'agissait de se ranger du côté des « femmes » qui se moquaient du « nègre grognon » parce que l'image de l'albatros a renversé la valorisation. Paradoxalement, en prenant conscience de la référence, c'est-à-dire du fait que la langue l'exile, parle à sa place, le « je » découvre aussi que cette même langue le force à faire un choix dont il n'était pas conscient. Les femmes avec lesquelles il avait échangé un grand sourire complice ne sont plus un groupe dont il est flatteur de partager les privilèges : elles se sont transformées en « membres d'équipage » méprisables et odieux.

Inversement, le contexte antillais enrichit la lecture du poème de Baudelaire de nouvelles références historiques qui donnent un sens plus tragique à la présence des marins. En proposant au lecteur l'association entre l'albatros et le « nègre » « achevé par la misère », le texte rapproche le navire générique des bateaux négriers qui hantent la poésie de Césaire. « Le navire lustral [qui s'avance] impavide sur les eaux écroulées » (*Cahier*, 62) rappelle le premier voyage, le premier exil, le premier arrachement : « Le négrier craque de toute part... Son ventre se convulse et résonne... L'affreux ténia de sa cargaison ronge les boyaux fétides de l'étrange nourrisson des mers ! » (*Cahier*, 61). C'est donc pour la deuxième fois que le poète traverse la mer, et « l'amusement » des membres de l'équipage comme le « ricanement » des femmes et du poète font figure de violence criminelle. L'histoire occultée du premier exil revient hanter le texte. La prise de conscience de la référence a donc pour conséquence de forcer le narrateur à accepter que son identification avec les femmes le rend coupable d'une violence ignoble envers ce « voyageur ailé » qui comme lui a traversé la mer. La mise en relation textuelle le force à reconnaître sa propre situation d'exilé et la gravité du choix qu'il fait en se rangeant du côté des rieurs.

D'autant plus que son rire est empreint d'une énorme ironie, d'une ironie que la troisième répétition du « COMIQUE ET LAID » met brusquement en évidence : la troisième étape de la mise en relation textuelle n'est plus seulement une réminiscence quasiment invisible (un exil inconscient) ni une référence opprimante (un exil malheureux), mais la découverte de nouvelles alliances, de nouveaux rapports de force, de nouvelles lectures : en reprenant pour la troisième fois l'expression « COMIQUE ET LAID », le texte d'isole complètement du reste du poème : « COMIQUE ET LAID pour sûr ». Placés en apposition, sans nom, sans verbe, les deux adjectifs semblent appréhendés par une instance narrative dont la lucidité devient une supériorité. Le « pour sûr » peut être lu comme une illumination ironique, le moment où le poète découvre brusquement un autre sens au parallèle entre l'Albatros et le « nègre grognon ».

Car non seulement l'image de l'Albatros opprimé par les membres de l'équipage fait ressortir l'aliénation du narrateur qui croyait pouvoir se ranger sans difficulté du côté des marins, mais le poème de Baudelaire nous permet de pousser encore plus loin le parallèle : le lien entre ce Noir misérable et le « je » se fait brusquement plus évident, plus complexe si l'on comprend que le nègre-grognon-albatros est aussi le symbole du Poète. Ce « voyageur ailé » « déposé sur les planches », ce n'est pas seulement l'exilé qui a perdu sa terre natale, c'est le narrateur *lui-même*, en tant qu'il se dit poète. Ce n'est donc pas seulement parce qu'il se fait le complice des colonisateurs que le narrateur peut regretter son rire, mais parce que sans le savoir, c'est de lui-même qu'il se moque. C'est une image de *lui-même* que le narrateur-Poète opprime, sans le savoir, il s'est fait bourreau et victime, « héautontimorouménos » de nouveau baudelairien. C'était de lui-même qu'il « ricanait ». Toute sa supériorité s'effondre ici, toutes les alliances entre « assimilés », entre « intellectuels », sont férocement dénoncées comme illusoires. En refusant de prendre conscience de sa désolidarisation, le poète en est réduit à s'opprimer lui-même, non pas en tant qu'homme pauvre et ignorant, non pas en tant que Noir, mais en tant que Poète. Le dialogue textuel le force ainsi à prendre conscience du fait que, lorsqu'il cherche à se soustraire à la solidarité de classe et de race (il n'y a rien de commun entre un « étudiant français cultivé » et un nègre « achevé » par la misère), il renie en fait le Poète « semblable au prince des nuées ». La mise en Relation textuelle lui révèle alors l'étendue de ce que Glissant appelle la « dérision ». Le poète antillais est

> Exilé ou malade. Malade de cette absence dont le signe est si intarissable à établir : un palmarès de la dérision (*Discours antillais*, 119).

Le « je » qui venait de découvrir qu'il était lui-même coupable d'opprimer l'Autre par l'intermédiaire d'une référence,

était en fait en train de tomber dans un piège paradoxal : ironiquement, les adjectifs baudelairiens dont il se sert pour se
moquer du nègre « comique et laid » sont en fait tirés d'un
poème qui, à l'origine, plaidait en faveur du Poète maudit,
incompris par la foule.

La référence au poème de Baudelaire n'est donc pas nécessairement un geste réactionnaire qui force le poète à se ranger du côté du colonisateur. Certes, il y a danger à parler
la langue de l'autre, à l'assimiler sans s'interroger sur la qua-
lité du rapport qui unit le « je » aux groupes qui se constituent autour de lui lorsqu'il parle français. La langue peut
devenir le lieu d'un exil volontaire ou inconscient, l'endroit
d'où le poète renie les siens parce qu'il a transformé le monde
en une binarité violente où n'existent plus que les opprimés,
les « voyageurs ailés » et les oppresseurs, les « membres
d'équipage ». Mais ce passage met en scène le moment où
la pensée comprend qu'il y a un avenir loin de cette dualité
qui ressemble à s'y méprendre à la situation coloniale telle
que la décrit Fanon : un manichéisme sans espoir. Le narrateur ne doit pas choisir entre deux patries également détesta-
bles, sa lâcheté ou la misère, et n'en sera donc jamais réduit
à produire cette parodie de littérature contre laquelle la revue
Tropiques était partie en guerre au début du siècle :

> Littérature de hamac, littérature de sucre et de vanille. Tou-
> risme littéraire. Guide bleu et C.G.T. Poésie, non pas.
> (Suzanne Césaire, 50) [16].

Le danger serait ici ce que Glissant appelle « la néantisa-
tion mimétique » (*Discours antillais*, 64), la disparition pure
et simple d'une « patrie » autre que la culture et les valeurs
occidentales. Au contraire, l'intertextualité inévitable devient
l'entrée en Relation textuelle, et le dialogue qui s'établit peu
à peu entre le discours du « je » et le discours des autres
devient en soi une patrie qui fait ici du Poète un exilé per-

---

16. Paru dans *Tropiques* (facsimile), (vol. 1, numéros 1 à 5, avril 1941 à avril
1942), Paris, Jean-Michel Place, 1978. Le « tourisme littéraire » rappelle un peu
les « palmiers » de Maryse Condé qui encadrent le néant du pays natal.

pétuel, mais un exilé conscient de l'être, capable de solidarité par rapport à ceux qui lui ressemblent. Bien sûr, cette
« patrie » abstraite ne résout en rien les problèmes auxquels
les Antillais(ses) sont confronté(e)s, elle n'évite pas non plus
que le poète se sente exilé par rapport à son peuple de marins
prosaïques et que sa position le fasse soupçonner (à tort ou
à raison) d'élitisme insupportable. Mais au moins, le travail
de mise en relation textuelle apporte la preuve que le poète
peut, en dépit du danger d'assimilation, parler sa propre langue, son propre français. Sartre, décrivant la hiérarchie
noir/blanc qui oblige le poète noir à se condamner lui-même,
écrit dans « Orphée noir » :

> Dès qu'il ouvre la bouche, il s'accuse, à moins qu'il ne
> s'acharne à renverser la hiérarchie. Et s'il la renverse en fran-
> çais, il poétise déjà : imagine-t-on l'étrange saveur qu'auraient
> pour nous des locutions comme « la noirceur de l'innocence »
> ou les « ténèbres de la vertu » ? (Sartre, xxi)

En mettant sa parole et la langue officielle en Relation,
Césaire va encore plus loin que ce que Sartre proposait : il
ne se contente pas d'inverser les métaphores valorisées qui
séparent Blancs et Noirs, il remet en question les systèmes
d'inclusion et d'exclusion qui font de certains des exilés et
d'autres des citoyens à part entière. Le narrateur de *Cahier*
découvre la puissance du va-et-vient entre sa parole et celle
de l'autre. La relation oblige certes à une perpétuelle errance
mais donne aussi les moyens de prendre conscience de l'exil,
d'en percevoir la tragédie. Se réclamer de la patrie des « membres d'équipage » est une situation très vite intenable, ce serait
aussi un prix inhumain à payer pour la fin de l'exil (et la
scène nous rappelle que nul n'est à l'abri de ces moments
de « lâcheté »). Ce passage du *Cahier* peut donc être lu comme
l'allégorie de la difficile prise de conscience de la Négritude
qui préside à la création du texte dans son ensemble ; c'est
à la fois une mise en garde contre la sournoise « lâcheté »
qui guette à tout moment le narrateur mais aussi la découverte de sa possibilité de choix, de ce que Ronnie Scharf-

man appelle son « engagement »[17]. La mise en Relation textuelle peut être une stratégie au service du « nègre grognon » et lui rendre un pouvoir que la langue voudrait lui voler. Malgré les dangers de se voir transformé en véhicule passif de l'idéologie officielle, « Un homme qui possède le langage possède par contrecoup le monde exprimé et impliqué par ce langage. On voit où nous voulons en venir : il y a dans la possession du langage une extraordinaire puissance » (Fanon, 14). En vérifiant le rôle que joue la parole de Baudelaire dans son propre poème, le narrateur du *Cahier* a pris le risque de découvrir qu'il n'a peut-être pas d'autre patrie que la Relation, c'est-à-dire un exil, qu'il demeure un « voyageur ailé » incapable de marcher. Certes, le « retour » au « pays natal » est une étape indispensable, qui rachète la tentation du « ricanement ». Le « j'ai longtemps erré et je reviens vers la hideur désertée de vos plaies » (*Cahier*, 61) garde vivant l'espoir que la solidarité envers le « nègre grognon » est possible au nom d'une patrie de la souffrance et de l'oppression. Mais les moments de mise en relation textuelle rappellent au poète que sa parole exprime avant tout ce moi multiple dont la langue française lui défendait l'accès : lors d'un entretien avec Jacqueline Leiner, Césaire essaie de définir son travail de poète :

> Mon effort a été *d'infléchir* le français, de le transformer pour exprimer disons : « ce moi, ce moi-nègre, ce moi-créole, ce moi-martiniquais, ce moi-antillais ». C'est pour cela que je me suis plus intéressé à la poésie qu'à la prose et ce *dans la mesure où c'est le poète qui fait son langage* » (Leiner, 1978, xiv).

Le poète ne trouve une patrie que dans l'acceptation de son propre exil. Il est noir, créole, martiniquais, antillais, il est d'ailleurs, éternellement.

---

17. Voir *Engagement and the Language of the Subject in the Poetry of Aimé Césaire*. La conclusion de cet ouvrage insiste sur la multiplicité des positions que peut occuper le « sujet » chez Césaire : « Poet, victim, slave, universe, spokesman, nigger, island. The other can be language, oppressor, master, lover, people, poem, country » (Scharfman, 112).

Partir
Comme il y a des hommes-hyènes et des hommes-panthères,
je serais un homme-juif,
un homme-cafre
un homme-hindou-de-Calcutta
un-homme-de-Harlem-qui-ne-vote-pas
(*Cahier*, 20)

« Il y a encore une mer à traverser/oh encore une mer à traverser » (*Cahier*, 63) écrit-il, à la fin du *Cahier*. Et sa plainte semble avoir rendu possible (et tout aussi problématique) la conclusion de Maryse Condé, qui, à la fin de ses « Notes sur un retour au pays natal », posait une question restée sans réponse :

> Être Antillais, finalement, je ne sais toujours pas très bien ce que cela veut dire ! Est-ce qu'un écrivain doit avoir un pays natal ? Est-ce qu'un écrivain doit avoir une identité définie ? Est-ce qu'un écrivain ne pourrait pas être constamment errant, constamment à la recherche d'autres hommes ? Est-ce que ce qui appartient à l'écrivain, ce n'est pas seulement la littérature, c'est-à-dire quelque chose qui n'a pas de frontières ? (*Notes*, 23).

5

De la révulsion à l'éruption

Les métaphores de révolte

> Jadis, si je me souviens bien, ma vie était
> un festin où s'ouvraient tous les cœurs, où
> tous les vins coulaient.
>
> *(Une saison en enfer)*

En « France », en 1989, un bruit a dominé tous les autres :
celui qu'a fait l'anniversaire de la « Révolution » de 1789.
Pourtant, si l'on cherche à mettre en parallèle les célébra-
tions du bicentenaire qui ont envahi toutes les formes de discours officiel cette année-là, et le territoire hypothétique d'une
littérature « antillaise », il faut sans doute se résigner à constater que pour les colonies devenues depuis départements français, la Révolution de 1789 n'a pas eu lieu, ou plus exactement, que ce mot de révolution a pris parfois un tour tragiquement ironique : pour le peuple « français », la révolution
marquait une nouvelle origine, l'avènement de ce que les post-
modernes appellent un métarécit, un mythe accompagné de
tout un cortège de valeurs inattaquables (abolition des privilèges, ère de la liberté, de l'égalité, de la fraternité), valeurs
qui, à force de se voir imprimées sur les billets de banque,

sont plus ou moins devenues des clichés. Pour le peuple noir des Antilles, la « révolution » a pourtant dû avoir le goût amer d'un très mauvais jeu de mots ; car après avoir cru à l'abolition de l'esclavage, les « Nègres » ont dû bien vite se rendre à l'évidence. Dès 1802, la « révolution » ne décrivait plus qu'un cercle (vicieux), une boucle parfaite qui les ramenait au point de départ[1]. Les nouveaux « citoyens », les nouvelles « citoyennes » étaient redevenus des esclaves et devraient attendre 1848 pour obtenir leur liberté théorique et symbolique (sinon économique et sociale).

Comment dès lors faire confiance aux mots que l'Histoire respecte et célèbre ? Et si les mots se sont joués de tout un peuple, ne doit-on pas espérer qu'à son tour, il jouera sur les mots dont on lui a appris à se méfier ? Pour le peuple antillais, la révolution avait bel et bien un lien avec la révolte, car la *révolution*, cercle vicieux, était *révoltante*, source de nausée. Peut-être une littérature « antillaise » existera-t-elle donc là où des textes, écrits en français, gardent la trace de la sinistre, ironique et dérisoire parenté que le mot sacré de révolution entretient désormais avec son homonyme (la révolution/cercle vicieux), et avec une révolte qui serait plus un haut-le-cœur, une révulsion, qu'un combat valorisant.

Je voudrais montrer dans ce chapitre que chez Étienne Léro, Édouard Glissant, Maryse Condé et surtout Aimé Césaire, la *révulsion* est une forme privilégiée de *révolte* contre le choix inhumain que l'on réclame des auteurs colonisés : le choix entre le silence absolu (la mort), et le silence sournois de l'assimilation. Dans les textes de Césaire, la hantise de l'avalement, du gavage, de l'ingurgitation (qui sert de métaphore privilégiée pour décrire le processus d'assimilation culturelle) est contrecarrée par une tendance à rendre, à vomir, à régurgiter. Cette tendance à recracher peut d'abord apparaître comme le comble de l'assimilation réussie puisque, de nouveau, le poète semble répéter ce qu'on lui a appris, « recracher » ce qu'il a ingurgité comme un bon élève. Mais il exprime en fait une révolte placée sous le signe de la nausée

---

1. Le 4 février 1794, la Convention vote l'abolition de l'esclavage... Le 16 juillet 1802, sous Napoléon I, l'esclavage est rétabli.

et de la révulsion. En apprenant aux « Nègres » que les mots-clés comme Révolution sont en fait des mots-énigmes dont la polysémie devient tragiquement humoristique pour les opprimés, l'Histoire du colonisateur leur apprenait aussi que pour survivre, il ne suffisait pas de « parler français », de maîtriser la langue du maître, mais qu'il fallait aussi, pour dire leur révolte, savoir lire sous les mots et en jouer, devenir poètes.

1. Une poésie malade d'« indigestion »

Le premier texte de la littérature « antillaise » qui proclamait son écart, sa différence par rapport à la littérature française était une revue publiée à Paris par des étudiants antillais et intitulée *Légitime Défense*. Il faut croire que le titre et le contenu provocateurs de cette petite brochure ont produit leur effet puisque la revue a été interdite par la censure dès le deuxième numéro. Dans ce texte, les jeunes poètes martiniquais comme Léro et Césaire s'attaquent violemment à la société antillaise telle qu'ils la connaissent. Ils reprochent notamment à la bourgeoisie mulâtre d'être devenue une lamentable copie de la civilisation du colonisateur et de ne produire qu'un plagiat de littérature. Ce qui est frappant, c'est que leur critique est exprimée à l'aide d'une obsédante métaphore alimentaire : pour eux, la bourgeoisie de couleur est « nourrie » de culture blanche.

Les deux poètes filent la métaphore de « l'assimilation » et ce mot abstrait de sociologue qui décrit une forme indésirable de métissage culturel retrouve sous la plume des Antillais ses rapports avec la nourriture dans ce qu'elle a de plus concret. Étienne Léro accuse :

> Quelques membres d'une société mulâtre intellectuellement
> *nourrie* de décadence se sont faits auprès de la bourgeoisie

française qui les utilise, les ambassadeurs d'une masse qu'ils étouffent parce que trop foncée (je souligne)[2].

Chez Léro, l'assimilation est toujours représentée comme une activité d'ingestion excessive qui produit très vite des risques d'indigestion, de gonflement, de boursouflure. « *L'Antillais bourré à craquer* de morale blanche, de culture blanche, de préjugés blancs étale dans ses plaquettes l'image *boursouflée* de lui-même » (Léro, 1932, 10, je souligne). L'assimilation culturelle ainsi décrite par le biais de métaphores alimentaires est donc étroitement associée à d'autres images physiques de « boursouflure » qui ont aussi leurs propres connotations péjoratives d'arrogance et de pompe. Elle devient synonyme d'indigestion et visiblement, le danger est identifié comme un risque de sur-consommation et « d'étouffement ». Léro, attaquant ses prédécesseurs, « ces poètes de caricature » qui continuent à singer les symbolistes ou les parnassiens métropolitains, s'indigne de voir qu'« une *indigestion* d'esprit français et d'humanité classique nous a valu tous ces bavards et l'eau sédative de leur poésie » (Léro, 11). L'image semble avoir survécu à l'histoire du mouvement de la Négritude proprement dit puisqu'en 1987, Maryse Condé analysait sa propre évolution en parlant de son refus de « toute la culture qu'on avait voulu me forcer à *avaler* et que d'ailleurs j'avais *ingurgitée* avec d'abord beaucoup de bonne volonté, de bonne grâce » (*Notes*, 7).

2. « Les marais de la faim... »

Quoique l'image en soi ne soit pas exceptionnelle ou même originale dans la littérature dite française (après tout, le mot « assimilation » conserve des liens étymologiques avec

---

2. Étienne Léro, « Misères d'une poésie », *Légitime Défense*, 1er juin 1932, 10. Les références à cet article apparaîtront désormais entre parenthèses sous la forme (Léro, 1932).

l'absorption de nourriture), l'omniprésence de ce champ sémantique est remarquablement « bruyante » car la tendance à utiliser des modèles métaphoriques d'ingestion est systématique. Ne peut-on découvrir ici les éléments spécifiques d'une identité littéraire antillaise en train de se constituer (avec difficulté) ?

Après tout, la première explication qui vient à l'esprit est d'ordre extratextuel : la faim, pourrait-on dire, est une « réalité » pour le peuple antillais et il serait utile de mettre en évidence la présence de cette obsession. Pour le critique à la recherche d'une littérature antillaise, les conditions historiques et socio-économiques qui font de la faim un des problèmes quotidiens d'un peuple peuvent justifier que les textes empruntent non seulement leurs thèmes mais aussi les réseaux de métaphores.

Si un peuple a faim, on ne s'étonnera pas que la littérature fasse état de cette obsession. Aux Antilles, ce « cul de sac innommable de la faim, de la misère et de l'oppression »[3], les récits mettent en scène des personnages sans cesse préoccupés par l'absence de nourriture (c'est le cas par exemple des héros de *Rue Cases-Nègres* et plus généralement de tous les romans dont les héros sont des enfants). En tant que thème, la recherche de nourriture hante aussi les contes, les récits de la tradition orale, et c'est sur des images de faim et de misère que s'ouvre le *Cahier d'un retour au pays natal*. Envisageant son arrivée aux Antilles, le narrateur imagine :

> Cette foule criarde, si étonnamment passée à côté de son cri comme cette ville à côté de son sens, sans inquiétude, à côté de son vrai cri, le seul qu'on eût voulu lui entendre crier parce qu'on le sent sien lui seul ; parce qu'on le sent habiter en elle dans quelque refuge profond d'ombre et d'orgueil, dans cette ville inerte, cette foule à côté de son cri de faim de misère de révolte, de haine, cette foule si étrangement bavarde et muette (*Cahier*, 9).

---

3. Aimé Césaire, Introduction aux *Antilles Décolonisées* de Michel Guérin, Paris, Présence Africaine, 1956 (10).

Dans le passage suivant, le narrateur voit « un petit négrillon somnolent » dont ni le prêtre ni l'instituteur n'arrivent à tirer une parole. L'enfant est muet « car c'est dans les marais de la faim que s'est enlisée sa voix d'inanition » (*Cahier*, 11).

> Car sa voix s'oublie dans les marais de la faim, et il n'y
> a rien rien à tirer vraiment de ce petit vaurien, qu'une faim
> qui ne sait plus grimper aux agrès de sa voix
> une faim lourde et veule,
> une faim ensevelie au plus profond de la Faim de ce morne
> famélique (*Cahier*, 12).

Toutefois, la faim n'est pas seulement un thème littéraire et même lorsqu'elle n'est pas explicitement mentionnée, la nourriture reste une présence obsédante, comme si, en l'insérant dans son texte, l'auteur conjurait le risque d'en manquer et exorcisait sa peur. Comme si la littérature faisait subir à la réalité extra-textuelle un travail de condensation et de déplacement semblable au travail du rêve freudien, la faim se métamorphose, devient un langage, une façon de penser, de percevoir le monde « réel », et de le décrire.

Il est par exemple frappant de constater que la nourriture (plutôt que les éléments visuels ou auditifs) peut constituer l'ingrédient primordial des descriptions des personnages romanesques. Lorsque le narrateur de *Malemort* nous présente les personnages d'Epiphane, de Colentroc et de Mathieu, les portraits de personnages sont faits d'allusions à leur réaction face à ce qui se mange. La description, technique favorite des romanciers réalistes, n'a pas complètement disparu des romans d'Édouard Glissant mais là où un Balzac aurait pu décrire la stature, les traits du visage, la couleur et la forme des vêtements et les détails de l'environnement, Glissant choisit de mêler, dans ses descriptions, ce qui se voit et ce qui ne se voit pas, ce que les personnages ont et ce à quoi ils rêvent. On aura deviné que la nourriture, pourtant absente, constitue la deuxième partie du paradigme.

> Epiphane, anémié sur ses jambes en cerceau, qu'au détour
> du chemin tenta cet abricot plus raide que sa faim ; Colen-

troc, les yeux striés, jaunis, la mémoire enfiévrée des jours
viandus et ruisselants ; Monsieur Lesprit, secrétaire d'une mai-
rie imprenable, homme de cœur aux phrases rondes, techni-
cien des urnes ; ou un cochon trop vertébré, surgi soudain
du fond de la famine ; ou encore la procession de ceux
innommés qui en ce matin d'août de guerre lointaine atten-
daient devant la mer close un rien de sel et de manioc
[...][4].

Paradoxalement, l'omniprésence de la référence à la nourriture est donc ici le signe d'un manque terrible, le remplace-
ment sublimé d'une absence : « Boire, manger, toujours
incessamment repris, le même *rêve* » (je souligne) constate
Césaire dans son « Introduction au folklore martiniquais »[5] et
sa formulation confirme le lien entre présence obsessive, déplacement et activité onirique. L'abolition de l'esclavage n'a pas
réussi à faire disparaître des textes la relation traumatisante
à la nourriture. « Qu'on le prenne comme on voudra, c'est
un peuple qui a faim », dit encore Césaire en 1942. « Pas
un conte où ne revienne — vision de ripaille ou de saoulerie —
cette obsession des ventres vides » (Césaire et Ménil, 7). Les
contes de « compère Lapin » et « compère Zamba » sont effectivement souvent construits autour d'une intrigue alimentaire.
Que Lapin essaie de voler le repas de son rival ou que les
deux larrons s'entendent pour essayer d'aller dérober un bœuf,
l'habileté du héros se mesure à sa capacité de ne pas rester
le ventre vide. Pour Maryse Condé, « si les deux compères
ne pensent par exemple qu'à s'empiffrer, c'est que la faim
et la malnutrition sont les compagnes de l'esclave, justifiant
son incessante poursuite » (*La civilisation du Bossale*, 30).

Les « réalités » historiques et économiques suffiraient donc
peut-être à expliquer la métaphore de l'ingestion que les poètes
de *Légitime Défense* semblent instinctivement trouver sous leur
plume au moment de décrire le processus d'assimilation

4. Édouard Glissant, *Malemort*, Paris, Seuil, 1975, 22.
5. Aimé Césaire et René Ménil, « Introduction au folklore martiniquais », *Tropiques*, vol. 1, numéros 1 à 5, avril 1941 à avril 1942 (7). Les références à ce texte
apparaîtront entre parenthèses sous la forme (Césaire et Ménil).

culturelle. Mais leurs réseaux d'images semblent pourtant introduire une contradiction par rapport aux textes antillais cités jusqu'ici : si la nourriture est toujours l'objet de désir, si les textes réintroduisent toujours le rêve d'abondance sous forme de thème, de métaphore ou de technique de description, comment expliquer que l'assimilation soit décrite comme un *excès* de nourriture ? Comment expliquer que brusquement, le danger d'indigestion remplace le risque d'inanition ? Les images de *Légitime Défense* n'ont rien d'équivoque : pour Étienne Léro, il s'agit bien d'éviter l'horreur de *l'indigestion, de la boursouflure*, il s'agit d'éviter l'embonpoint causé par l'ingurgitation de culture française qui transforme les textes antillais en littérature de « sucre et de vanille » (c'est-à-dire en nourriture sucrée, vite écœurante)[6]. Il semblerait donc que la nourriture intervienne dans l'écriture soit sous forme de manque soit sous forme d'excès également néfastes. Visiblement, l'assimilation n'est pas une forme de famine mais elle demeure un rapport pathologique vis-à-vis de ce qui se mange, de ce qui s'avale et pour la génération des auteurs de la Négritude, la problématique de la famine s'est compliquée : loin d'avoir disparu, la faim se double ironiquement d'un danger d'indigestion qui s'exprime par des métaphores contradictoires à travers l'ensemble des textes. Dans un entretien avec Jacqueline Leiner, Césaire fait ainsi intervenir côte à côte l'idée de manque, de vide catastrophique et celle de sur-consommation négative.

> J'ai toujours été frappé par le fait que les Antilles souffrent d'un manque. Il y a aux Antilles un vide culturel. Non que nous nous désintéressions de la culture, mais les Antilles sont trop exclusivement une société de consommation culturelle (Leiner, 1978, v).

Cette contradiction (il n'est pas incompatible pour l'Antillais(e) de mourir de faim et d'indigestion tout à la fois) peut être considérée comme l'un des multiples signes d'une alié-

---

6. John Antoine Nau, « Misère d'une poésie », *Tropiques*, tome 1, n° 4, janvier 1942 (48-50), 50.

nation toujours vivace. Mais ce double rapport pathologique à la nourriture peut aussi dépasser le stade de la constatation et devenir une tactique d'opposition qui traduit un désir de refuser cette assimilation dangereuse. Le fait même de décrire la culture française comme un excès dangereux est en soi un commentaire politique, et dans certains textes de Césaire notamment, on s'aperçoit que l'ingestion forcée d'aliments culturels n'aboutit jamais à une digestion, une assimilation organique harmonieuse, mais a toujours pour résultat le *silence* ou la *révolte*.

Les métaphores alimentaires deviennent alors l'occasion d'une description de la *résistance* à l'assimilation (qui passe par le silence volontaire, le mutisme) ou d'une *révolte* (qui se traduit par la régurgitation et le vomissement). Ici, il ne s'agit plus de la faim littérale, réalité hors-textuelle, mais d'un travail de la langue française, à laquelle on finit par faire dire ce que l'idéologie dominante colonisatrice voudrait bien cacher, à savoir que l'assimilation risque toujours pour le sujet colonisé de devenir empoisonnante (que j'entends bien sûr au sens littéral du terme). Ainsi cesse, parfois, le différend.

Césaire va ici plus loin que Léopold Senghor qui proposait de se garder d'une assimilation passive où le sujet se *fait avaler* par la culture au lieu que la culture soit avalée par le sujet. « Je refuse, dit Césaire dans le *Cahier*, de me donner mes boursouflures comme d'authentiques gloires » (*Cahier*, 38). Dans la *Tragédie du roi Christophe*, le *Cahier* et les *Armes miraculeuses*, il ne suffit pas d'éviter d'être assimilé(e). Dans les deux cas, le résultat est le même : l'assimilation active (assimiler la culture de l'autre) et passive (être assimilé/e par la culture de l'autre) aboutissent à la mort du sujet.

3. Avaler sa langue

Pour les Africains et les Africaines capturés par les esclavagistes, le premier silence est une mort qui les soustrait aux plans que les Blancs ont conçus : on sait que les esclaves décidés à échapper malgré tout à leur condition essayaient d'avaler leur langue. Ce suicide bien particulier est en quelque sorte une signature, un signe distinctif. C'est aussi un thème littéraire récurrent sous la plume des écrivains du XVIIᵉ et XVIIIᵉ siècles qui décrivent en touristes ou en hommes d'affaires la vie aux colonies. On retrouve aussi ce topo chez les romanciers contemporains qui se penchent sur le passé : dans *La mulâtresse Solitude*[7], la narratrice, réduite à l'état de bête (de « larve » dit-elle), essaie en vain d'avaler sa langue comme la tradition lui a appris à le faire :

> [...] elle tenta d'avaler sa langue, comme avait fait, à Gorée, ceux que l'aube avait découvert tout raidis dans leurs chaînes. Il suffisait d'envoyer la pointe en arrière et de tirer avec son souffle, lentement, patiemment, scrupuleusement, jusqu'à ce qu'un bout de chair pénètre à l'intérieur de la gorge et l'obstrue (*Mulâtresse*, 41).

Avaler littéralement sa langue fait donc partie de l'histoire du peuple antillais. Mais si l'on dépasse l'acception strictement réaliste, on s'aperçoit que l'expression « avaler sa langue » est précieuse pour d'autres raisons. Comme l'indigestion de Léro, cet « avalement » qui fait en principe référence aux esclaves arrachés à leur terre s'éclaire d'un jour nouveau si on l'entend au sens familier ou symbolique.

Pour les Français de Métropole, l'utilisation la plus courante de l'expression est probablement le sens familier : « avaler sa langue » peut aussi vouloir dire se taire, rester silencieux. En relisant le passage du *Cahier* où le narrateur décrit le petit négrillon qui refusait de parler à ses maîtres, on s'aperçoit que le sens littéral et le sens figuré se rejoignent ici avec bonheur.

> Et ni l'instituteur dans sa classe, ni le prêtre au catéchisme ne pourront tirer un mot de ce négrillon somnolent, malgré leur manière si énergique à tous deux de tambouriner son

---

7. André Schwarz-Bart, *La mulâtresse Solitude*, Paris, Seuil, 1972. Les références à ce texte apparaîtront entre parenthèses sous la forme : *Mulâtresse*.

crâne tondu, car c'est dans les marais de la faim que s'est
enlisée sa voix d'inanition (un-mot-un-seul-mot et je-vous-en-
tiens-quitte-de-la-reine-Blanche-de-Castille, un-mot-un-seul-mot,
voyez-vous-ce-petit-sauvage-qui-ne-sait-pas-un-seul-des-dix-
commandements-de-Dieu) (*Cahier*, 11).

L'horreur de la condition du petit écolier, sommé de parler de ce qu'il ne connaît pas, ne s'exprime que par le silence
et par le jeu de mots muet qu'il insère dans notre lecture du
passage. Lorsqu'on demande à un enfant s'il a « avalé sa langue », on n'imagine certes pas ce que la métaphore pouvait
avoir de tragiquement plausible pour le peuple antillais. Pourtant, la violence qui est faite ici à l'enfant est mise en évidence malgré son silence. Le paragraphe du *Cahier* qui pré-
cède immédiatement la scène du « négrillon somnolent » est
en effet une allusion directe aux suicides des esclaves :

> Au bout du petit matin, le morne famélique et nul ne sait
> mieux que ce morne bâtard pourquoi le suicidé s'est étouffé
> avec la complicité de son hypoglosse en retournant sa langue
> pour l'avaler [...] (*Cahier*, 11).

Leur geste apparemment incompréhensible n'a de sens pour
personne, sauf pour la terre de Martinique, pour le « morne
bâtard » qui sait lire et déchiffrer leur malheur.

Le silence rebelle de l'esclave devient ainsi définitif. Nous
retrouvons ici l'ambiguïté des conduites suicidaires qui pèsent
sur les représentations de la mort. Le maître est privé des
services de l'esclave, il perd une partie de son capital, de
sa propriété et de sa main-d'œuvre. Avaler sa langue, refuser de parler est donc bel et bien un acte de résistance que
le colonisateur va essayer d'interdire et d'empêcher. Au début
du *Quatrième Siècle* le narrateur décrit par exemple le bateau
négrier et fait une liste macabre de tous les instruments de
torture laissés sur le pont par les marins : tous ces accessoi-
res sont destinés à faciliter le contrôle de la cargaison.

> [Mais] tout avait été laissé sous la pluie : les fouets à
> plombs, les lanières roides, la potence aux pendus (en vérité,
> plus impressionnante qu'un gros mât), et le bâton crochu

qu'on enfonçait dans la gorge de ceux qui tentaient d'avaler leur langue, et le grand baquet d'eau de mer où les marins plongeaient la tête quand ils remontaient suffoqués des profondeurs de la cale, et le fer à rougir, fourchette implacable pour ceux qui refusaient le pain moisi ou les biscuits arrosés de saumure, et le filet par lequel on descendait les esclaves chaque mois, dans le grand bain de la mer : filet pour les protéger contre les requins ou de la tentation de mourir[8].

Visiblement, les esclaves n'avaient déjà plus le droit de disposer de leur propre vie, ou métaphoriquement, ils n'avaient même plus le droit de se taire. Les esclaves n'ont déjà plus le droit de refuser la nourriture, même si c'est du « pain moisi » (et on pense à la viande avariée qui provoque une mutinerie sur le *cuirassé Potemkine*). Dans la *Rue Cases-Nègres*, Man Tine reproche à José de manger avec ses doigts. Ici, ironiquement, c'est une « fourchette implacable » qui ôte aux esclaves le droit de mourir de faim. Il leur est interdit de se laisser mourir de faim, il leur est interdit de se laisser dévorer par d'autres, par les « requins » ou par la grande eau : un « filet » qui fait d'eux des poissons pris dans une nasse contrôle strictement les règles d'ingestion de « nourriture » et les cycles de dévoration. De même, le silence devient un crime passible de répression.

Le bâton crochu qui servait à retirer la langue du fond de la gorge avant qu'il ne soit trop tard devient alors tristement similaire aux sévices subis par l'enfant à l'école, à la technique « si énergique » de l'instituteur et du prêtre qui, pourtant, ne « pourront tirer un mot » (*Cahier*, 11) de sa bouche.

---

8. Édouard Glissant, *Le Quatrième Siècle*, Paris, Seuil, 1964, 21. Les références à ce texte seront indiquées entre parenthèses sous la forme : *Quatrième Siècle*.
Sur le rôle du voyage dans ce texte, voir l'article d'Ada Ugah qui analyse la mer comme un symbole ambivalent, susceptible de servir de fondation à la grande opposition entre ceux qui se soumettent et ceux qui se rebellent : « Dans l'univers imaginaire de Glissant, les implications profondes de l'image marine sont à la fois positives et négatives. Confrontés à cette mer symbolique, les uns se noient, les autres franchissent » (Ugah, 108). Cette opposition entre « avalement » et « transgression » sera d'autant plus difficile à valoriser culturellement que le contexte colonial s'arrangera bien sûr pour que même le fait de se laisser avaler devienne une forme de transgression pour les esclaves.

De nouveau, la référence réaliste confirme et enrichit le registre métaphorique, rend plus tragique des expressions banales devenues des clichés. Avaler sa langue, tirer à quelqu'un les mots de la bouche, le dictionnaire peut attester les expressions, les figer et donner un équivalent abstrait. La littérature antillaise, obsédée par le champ sémantique de la nourriture, donne à toutes ces expressions courantes une signification plus dense, plus poétique, une coïncidence magique entre métaphorique et littéral.

Le mot « langue » peut aussi faire référence au système linguistique, et au lieu de lire l'avalement comme une décision de faire silence, il est possible d'imaginer que l'image fait allusion à la lutte inégale entre le créole et le français imposé comme seule langue légitime. L'enfant noir, envoyé à l'école des Blancs, devra lui aussi « avaler sa langue » sous peine de punitions. Dans le *Discours antillais*, Glissant se rappelle le tableau noir de son enfance :

> En belles rondes blanches sur le tableau neuf des rentrées scolaires : il est interdit de parler créole dans la classe et dans la cour (*Discours antillais*, 119).

La consigne relègue la langue créole au domaine de l'interdit, du silence. Une langue existe qu'il ne faut plus parler sous peine de ne plus avoir accès à l'écriture, à l'administration, et, de façon générale, à la communication officielle entre les races vues comme corps politiques.

Cette inter-diction, qui transforme la langue créole en non-dit, est peut-être le cas le plus flagrant de « tort » fait au peuple antillais qui devient sans conteste une victime, à jamais privée de moyens de défense. Cette situation est le cas le plus évident du « différend » de la littérature antillaise : si avaler sa langue est le seul moyen de résister, alors, il n'y a même plus de conflit possible entre le maître et l'esclave, entre la race blanche et la race noire, entre les Antilles et la Métropole. Le peuple antillais se trouve, au début de son histoire, placé exactement dans la situation mythique que le début de l'essai de Lyotard imagine : « Des êtres humains doués du langage furent placés dans une situation telle qu'aucun d'entre eux n'est maintenant capable d'en parler » (Lyotard, 11). Cette impossibilité de dire, qui passe entre autres par l'acceptation obligatoire de la langue du colonisateur, a donc pris la forme d'une assimilation monstrueuse de l'idéologie véhiculée par la langue imposée. L'assimilation vécue (même inconsciemment) comme une violence s'exprime alors par des métaphores incongrues, qui dévalorisent l'ingestion, l'absorption, et valorisent le crachat, la révulsion.

4. Avaler, être avalé ; vomir, être vomi

Chez Césaire, le fait d'avaler la culture du Blanc provoque un dégoût si intense qu'elle provoque nausées et vomissements. Mais de même que l'indigestion survient paradoxalement en même temps qu'une famine, la phobie de l'avalement et du vomissement peut être perçue à la fois de façon passive et active : le « Nègre » a peur à la fois d'avaler et d'être avalé ; il a aussi peur d'être recraché comme un débris décomposé. Très souvent, l'image du vomissement fait ainsi référence au moment historique où les deux races se rencontrent, et où le corps des Noires et des Noirs subit l'immense violence d'être arraché à la terre africaine pour être englouti par le bateau-prison où les esclaves sont captifs. Le peuple noir, dans l'imagination du poète, a été recraché sur le rivage des îles par les soutes immondes du bateau négrier.

Le roi Christophe parle de « ces milliers de Nègres deminus/que la vague a vomis un soir »[9]. Le narrateur de *Cahier* s'englobe dans la description : « Nous vomissure de négrier... », dit-il (*Cahier*, 39). Pendant la traversée qui les éloigne à jamais de l'Afrique, les esclaves risquent d'être d'abord avalés puis recrachés morts ou prisonniers sur les rives des îles. L'élément marin maléfique symbolise ainsi l'aban-

---

9. Aimé Césaire, *La Tragédie du roi Christophe*, Paris, Présence Africaine, 1970, 38. Les références à ce texte seront désormais indiquées entre parenthèses sous la forme : *Christophe*.

don de ses enfants par la terre-mère et le premier risque d'avalement. Pour les esclaves en transit vers les îles, la mer est
l'ennemi qui risque de les engloutir. Les captifs et captives
enchaînés au fond du bateau négrier risquent à tout moment
la noyade. Dans « Avis de Tir », Césaire rappelle sa haine
de « cargaison coulée »[10] ; dans le *Quatrième Siècle*, Glissant
se souvient de l'eau qui « noyait la cargaison croupie » (*Quatrième Siècle*, 20). La traversée entre l'Afrique et les îles
s'accomplit sous le signe du mal de mer, de la *nausée* qu'il
faut comprendre à la fois littéralement et symboliquement
comme une révolte métaphorique qui irait jusqu'au spasme
physique, parfois à la convulsion.

Bien sûr, les « nègres » sont malades et une association s'établit entre leurs corps torturés et la « vomissure », littérale ou
figurée, que l'on retrouve aussi bien dans la prose que la poésie. Dans le *Quatrième siècle*, Glissant décrit la *Rose-Marie*,
sous la pluie, à son arrivée aux Antilles : « La pluie lavait,
apprêtait pour la vente, absolvait. Dans la cale cependant
l'odeur s'épaississait. L'eau charriait des pourritures, des
excréments, des cadavres de rats. La *Rose-Marie*, à la fin
lavée de ses vomissures, était vraiment comme une rose, mais
qui tire sa sève d'un fumier vivant » (21)[11]. Et plus tard,
malgré la « toilette » que le capitaine fait subir à son navire,
le narrateur constate que la « vomissure » ne disparaît pas aussi
facilement : « Il y avait toujours cette odeur de vomi, de sang

---

10. Aimé Césaire, « Avis de tir », *Les Armes miraculeuses*, in *The Collected
Poetry* (traduction, introduction et notes de Clayton Eshelman et Annette Smith),
Berkeley, Los Angeles, London, University of California Press, 1983, 88. Les références à ce texte seront indiquées entre parenthèses sous la forme : *Collected Poetry*.
11. Une scène fort similaire se retrouve dans le texte de John Hearne, *The Sure
Salvation*. Comme dans le roman de Glissant, Hearne nous raconte l'histoire d'un
navire, « The Sure Salvation » dont la cargaison d'esclaves est décrite comme une
masse informe qui ne parvient à produire que des bruits de fonds et des cris de
douleur. Parce qu'ils parlent des langues différentes, les esclaves ne peuvent même
pas communiquer entre eux si ce n'est par le biais de ces tambours que le capitaine
Hogarth compare à des diplomates qui se parlent en français autour d'une table ronde.
Nous ne parvenons à nous glisser au sein de ce silence que grâce à la présence
d'un esclave qui joue le rôle d'interprète. Voir à ce sujet l'article de Daizal R. Samad :
« In Search of the Chrysalis of the Voice : The Language of the Slaves in John
Hearne's *The Sure Salvation.* »

et de mort que même la pluie ne pouvait effacer si vite »
(*Quatrième Siècle*, 23).

Le premier voyage est un énorme haut-le-cœur. Le vomissement exprime à la fois la violence faite aux Africains et
leur réaction, à la fois leur souffrance et la révolte contre
le risque d'avalement. Le corps des « Nègres », vomi par la
mer devient aussi ce lieu lui-même secoué de spasmes, le lieu
d'un combat contre l'assimilation où la nausée signale un refus
qui n'a rien d'existentiel. Le poète, porte-parole de son peuple, refuse de digérer ce qu'on veut lui faire subir ; il vomit
sa condition et la nourriture tant recherchée devient ce que
l'on recrache avec horreur et révolte. Dans le *Cahier* et les
Armes miraculeuses, l'image de la vomissure est le signe de
la révulsion occasionnée par une dégradation parfois volontairement acceptée. « Nous, soûlés de roulis, de risées, de
brume humée » (*Cahier*, 39) dit le narrateur du *Cahier*, après
avoir amèrement constaté : « Ma dignité se vautre dans les
dégobillements » (*Cahier*, 36). Mais elle est aussi l'expression de la révolte. Dans « Avis de tir », le poète écrit :

> Le pavillon noir du Vomito-Negro sera hissé durant la
> durée illimitée du feu de brousse de la fraternité (*Collected
> Poetry*, 88-89).

Le pavillon de la flibuste, qui a ici la même couleur que
les esclaves, évoque aussi la révolte contre les autorités coloniales. Le nom du bateau garde la trace de la violence faite
aux Noirs et annonce le début d'une nouvelle ère révolutionnaire, sous le signe du feu, de l'incendie (qui marquait souvent le début des insurrections d'esclaves). Ici, le vomissement n'est qu'une allusion rapide, mais souvent, le spasme,
effrayant par la violence que le corps subit, sert de modèle
à toute activité de refus.

On pense aux définitions que Julia Kristeva donne de
« l'abject », dans son livre *Pouvoir de l'horreur*. Le premier
chapitre théorique de cette « approche de l'abjection » analyse
la nausée comme un geste de refus primordial. Pour Kristeva,

« le dégoût alimentaire est peut-être la forme la plus élémentaire et la plus archaïque de l'abjection... »[12].

Prenant comme exemple le dégoût apparemment immotivé qui saisit l'enfant à la vue de la fine pellicule qui stagne à la surface du lait, l'auteur analyse le mouvement de recul comme une révolte contre ce que les parents voudraient faire avaler à ce « moi » encore sans identité séparée. Le lait de la mère, la nourriture originelle sans laquelle le nourrisson risque de mourir de faim devient pourtant la source d'une révulsion qui sépare parents et enfants et les oppose dans une confrontation extrêmement violente. Devant la peau qui flotte à la surface du lait,

> [...] la nausée me cambre, contre cette crème de lait, et me sépare de la mère, du père qui me la présentent. De cet élément, signe de leur désir, « je » n'en veux pas, « je » ne veux rien savoir, « je » ne l'assimile pas, « je » l'expulse (Kristeva, 10).

Le récit de la psychanalyste est censé décrire le développement de tout enfant (noir ou blanc) mais on est frappé de relever dans ce discours le mot « d'assimilation » qui prend pour les auteurs antillais un sens d'autant plus riche et complexe que le littéral et le figuré se renforcent mutuellement. L'on peut certes douter de la validité du côté universalisant des recherches de Kristeva et s'inquiéter de l'activité herméneutique qui consiste à interpréter la littérature antillaise à la lueur de cadres psychanalytiques abstraits qui se veulent au-dessus de l'histoire, des distinctions de races, de classes ou de sexes. La nausée qui saisit l'enfant et le sépare de sa mère et de son père est peut-être difficilement comparable à « l'effrayante gueulée vermiculaire » dont parle Césaire dans « Le Grand Midi » (*Collected Poetry*, 136). Cependant, la théorie de l'abject s'éclaire d'un jour nouveau si l'on se souvient de la célèbre formule de Césaire qui décrit le peuple

---

12. Julia Kristeva, *Pouvoirs de l'horreur : Approche de l'abjection*, Paris, Seuil, 1980, 10.

antillais comme un enfant illégitime dans sa préface au roman de Bertème Juminer, *Les Bâtards*. Bâtard de la France et de l'Afrique, l'Antillais est un enfant abandonné par ses deux parents, privé de modèle positif et d'identité. Les fictions historiques, littéraires et psychanalytiques se rejoignent ici pour tracer le portrait de plus en plus surdéterminé d'un peuple/corps/ enfant révulsé par la traîtrise de ceux qui ont fait de lui un « bâtard » sans culture, réduit pour survivre à avaler le poison de l'assimilation, de la colonisation et de l'esclavage. Entre la trahison, l'abandon par l'histoire et l'acceptation passive qui mène à l'indigestion, se situe la nausée, la seule forme de parole qui appartient en propre à l'enfant et l'autorise à refuser systématiquement ce qu'on lui propose même s'il n'a pas les moyens d'inventer autre chose :

> Dégoût d'une nourriture, d'une saleté, d'un déchet, d'une ordure. Spasmes et vomissements qui me protègent. Répulsion, haut-le-cœur qui m'écarte et me détourne de la souillure, du cloaque, de l'immonde. Ignominie de la compromission, de l'entre-deux, de la traîtrise. Sursaut fasciné qui m'y conduit et m'en sépare (Kristeva, 10).

Puisque le corps du Noir a été pris comme otage, est censé avaler la civilisation, c'est aussi à l'intérieur de (et donc contre) ce corps devenu monstrueux que la révolte s'exprime. Dans la *Tragédie du roi Christophe*, la convulsion est devenue une maladie chronique, une caractéristique de la République d'Haïti comparée au corps d'une femme atteinte du « mal caduc » : « Il y a des pays à commotions, des pays convulsionnaires et le nôtre est du lot » (*Christophe*, 21). Dans le *Cahier*, le bateau est décrit comme le corps d'un enfant, rongé de l'intérieur par un ver et déjà en état de décomposition.

> Le négrier craque de toute part... Son ventre se convulse résonne... L'affreux ténia de sa cargaison ronge les boyaux fétides de l'étrange nourrisson des mers ! (*Cahier*, 61).

Le ver, agent de mort, l'élément abject par excellence qui mêle la vie à la mort et transforme le corps vivant en cadavre, est aussi un signe de révolte contre l'horrible pourrissement que constitue la traite. La cargaison d'esclaves, au risque de détruire le bateau et de se noyer, « ronge » ce nourrisson monstrueux, l'emblème d'une civilisation hypocrite qui a trahi toutes ses valeurs humanistes. L'esclave, rendu malgré lui solidaire d'un monde en décomposition, participe à la déchéance qui détruit aussi ses maîtres en puissance. L'abjection est contagieuse, elle ne connaît pas de limites, ne connaît ni l'actif ni le passif et menace tout le système de déliquescence :

> Le cadavre — vu sans Dieu et en dehors de la science — est le comble de l'abjection. Il est la mort infestant la vie... Ce n'est donc pas l'absence de propreté ou de santé qui rend abject, mais ce qui perturbe une identité, un système, un ordre, ce qui ne respecte pas les limites, les places, les règles. Le traître, l'ambigu, le mixte. [...] Celui qui refuse la morale n'est pas abject — il peut y avoir de la grandeur dans l'amorale et même dans un crime qui affiche son irrespect de la loi, révolté, libérateur et suicidaire. L'abjection, elle, est immorale, ténébreuse, louvoyante et louche : une terreur qui se dissimule, une haine qui sourit, une passion pour un corps lorsqu'elle le troque au lieu de l'embrasser, un endetté qui vous vend, un ami qui vous poignarde (Kristeva, 12).

A la liste de Julia Kristeva, on pourrait ajouter une abomination qui se fait passer pour un service rendu à l'autre, un martyr enduré pour la bonne cause de la « civilisation ». Englué dans un univers d'abjection, le corps métaphorique et politique du peuple noir en est réduit à tout rejeter en bloc, à tout recracher y compris sa propre existence contaminée par l'abjection. Devenu le siège monstrueux du désir du père et de la mère, le « soi » sans identité séparé se vomit lui-même pour ne pas mourir.

Dans les *Armes miraculeuses*, on note par exemple que le corps du héros devient lui-même semblable au bateau-nourrisson rongé par un agent corrupteur : en une horrible révolte, l'esclave se ronge et se vomit, se noie dans le regard sans amour qui devrait lui servir de miroir :

> Ma tête rongée et déglutie par mon corps
> mon œil coule à pic dans la chose
> non plus regardée mais regardante.

(« Les Pur Sang », Collected Poetry, 92)

Bien mieux qu'une dénonciation théorique, ce poème rappelle, en une horrible ironie, l'accusation de « cannibalisme » censé représenter l'insupportable barbarie des Africains. On comprend mieux l'étonnante revendication des poètes de *Tropiques* qui, à plusieurs reprises, affirment : « La poésie martiniquaise sera cannibale ou ne sera pas »[13]. L'humour noir de la formule est à rapprocher du poème « Les Pur Sang » qui peut se lire comme la grotesque métamorphose des rituels sacrificiels, le mélange abject de profane et de sacré. L'autorejection si souvent analysée en termes de complexe d'infériorité ou de dépendance[14] trouve, par le biais des métaphores de vomissement, le bonheur d'une expression extrêmement dense et violente qui a le mérite de parler de révolte sans occulter l'autodestruction qu'elle risque de provoquer dans une situation où « l'héroïsme » est devenu une plaisanterie morbide.

Dans *Et les chiens se taisaient*, le ver est devenu mouche, et le narrateur est non seulement l'insecte répugnant qui se repaît de charognes mais aussi ce cadavre dont la mouche hâte la décomposition :

> Je m'avance, mouche dédorée, grand insecte malicorne et vorace attiré par les succulences de mon propre squelette en dents de scie, legs de mon corps assassiné à travers les barreaux du ciel (*Et les chiens*, 113).

Cet *héautontimorouménos* qui se dévore ou se déglutit lui-même accuse le colonisateur, et si l'image du vomissement

---

13. Ainsi interprétée, la formule n'a plus besoin d'être lue comme une référence par trop mimétique aux impératifs surréalistes européens.

14. On se souvient de la virulence avec laquelle Césaire avait réagi contre de telles thèses et notamment contre les travaux d'Octave Mannoni dans le *Discours sur le colonialisme*.

explique les difficultés avec lesquelles les Antillais et les Antillaises accèdent à une identité, les textes nous laissent espérer que la révulsion est cependant le début d'un douloureux recommencement :

> Mais puisque cette nourriture n'est pas un « autre » pour « moi » qui ne suis que dans leur désir, je *m*'expulse, je *me* crache, je *m*'abjecte dans le même mouvement par lequel « je » prétends me poser. Dans ce trajet où je deviens, j'accouche de moi dans la violence du sanglot, du vomi. Protestation muette du symptôme, *violence fracassante d'une convulsion* (Kristeva, 10, je souligne).

L'intérêt de la « violence fracassante » qui s'exprime par la nausée est qu'elle rejette en même temps le père et la mère. Symboliquement, l'Afrique n'est pas épargnée. Or, il est intéressant de constater que les métaphores sont en quelque sorte en avance sur l'histoire littéraire telle que les critiques sont tentés de l'écrire. Le mythe de l'identité de l'écriture antillaise est censée se décomposer en plusieurs étapes bien visibles. Le mouvement de la « Négritude » signalerait le moment où l'étudiant noir exilé à Paris découvre les dangers de l'assimilation que l'on cherche à lui faire subir, s'insurge contre le mythe de la table rase, et part en quête de sa propre culture, de son propre savoir ancestral. L'histoire nous présente alors un peuple noir tout entier tourné vers l'Afrique, nostalgique de la terre-mère, de l'origine perdue. Pourtant, il paraît à présent évident que la solidarité avec les peuples africains ne peut, pour les Antillais, résoudre tous les problèmes, loin s'en faut. On peut se demander si, en fait, la métaphore du vomissement ne signale pas, longtemps avant que le discours officiel de la Négritude ait renoncé à certaines de ses propositions, le soupçon que l'abject, pour les Antillais, était différent, spécifique. Au moment même où l'Afrique apparaissait comme la réponse à toute quête culturelle, le texte de *Cahier* suggérait, grâce à ses monstrueuses images de ténia en train de ronger un nourrisson, que l'écriture savait déjà, en dépit de ce que l'auteur voulait dire, que le rapport à la « mère » était devenu abject et qu'il serait illusoire d'espérer qu'un retour quelconque sauverait le peuple

antillais de sa nausée et de ce que Glissant, dans le *Discours
antillais*, appelle désormais sa « morbidité ». L'Afrique, on
l'a vu, peut faire figure de solution illusoire à l'exil. Mais
le *Cahier* de Césaire porte déjà en germe l'énorme soupçon
que la Négritude ne doit pas attendre son salut de l'Afrique
et que c'est au morne famélique, au morne « bâtard » qu'il
faut s'adresser.

5. De la révulsion à l'éruption

Dépasser le silence passe par une reconnaissance du fait
que l'assimilation peut être un poison destructeur. Les poètes comme Césaire ont toujours utilisé le français, faute d'avoir
eu le droit de se cultiver dans la culture créole ou faute
d'avoir un public disposé à écouter un discours écrit dans une
autre langue que le français. Mais ils savent sans doute que
leur rapport à cette langue française soi-disant « maternelle »
sera toujours teinté d'abject. Le refus de l'assimilation peut
alors s'exprimer par l'adoption de métaphores différentes qui
donnent un sens nouveau aux mots d'assimilation, de langue,
et de révolte : ces derniers se voient privés de leur sens commun pour donner au poète antillais l'occasion de faire trans-
paraître ses propres valeurs. Chez Césaire, la métamorphose
de l'image de la révolte va très loin, puisque le réseau sémantique auquel le phénomène d'assimilation est d'abord associé
(le vomissement pathologique) disparaît parfois au profit d'une
métaphore beaucoup plus spécifiquement antillaise : l'image
de l'éruption, du volcan qui vomit la lave, du cœur bouillant
enterré sous des couches épaisses de roche inerte mais prêt
à exprimer un jour sa colère avec une « violence fracassante ».
    Le phénomène « d'assimilation » et les métaphores alimen-
taires qui le représentent risquent toujours l'ambiguïté et la
contradiction : avaler sa langue est certes un acte de résistance mais il conduit au suicide et donc au silence. L'avalement est toujours susceptible de se glisser vers le sens passif, de se transformer en passivité dangereuse et la ligne qui

sépare assimilation *par* le sujet de l'assimilation *du* sujet reste facile à franchir. Quant à la révulsion, ses connotations de maladie correspondent effectivement à une prise de position idéologique qui fait de la culture française le poison à rejeter, mais elle reste étroitement associée à l'image tragique d'un corps en décomposition ou prêt à mourir d'inanition. L'assimilation mène toujours les auteurs au bord d'un dilemme, du double danger incompatible de l'inanition et de l'indigestion.

Au refus de l'assimilation comme empoisonnement s'oppose une image heureuse et optimiste, une métaphore spécifiquement antillaise : celle du volcan. Lors d'un entretien avec Maximin, Aimé Césaire parle du peuple de la Martinique en termes volcaniques qui contrastent avec les obsédantes allusions à la blessure, à la maladie, à la faim qui infestent le texte du *Cahier* : « Je dirais que c'est un peuple péléen », affirme-t-il[15].

Il semble que l'éruption catastrophique du Mont Pelée ait joué, historiquement, le rôle d'une cassure dont les répercussions idéologiques se sont fait sentir dans la littérature antillaise écrite tant par les auteurs blancs que par les auteurs noirs. Dans le deuxième tome de sa monumentale étude sur *La littérature des Antilles-Guyane françaises*, Jack Corzani invoque le romancier mineur Jean Max à l'appui de sa thèse selon laquelle l'éruption du volcan et la destruction de la ville de Saint-Pierre ont eu pour résultat le « sentiment d'une irréparable perte, à la fois d'une ville charmante et d'un univers sécurisant pour ceux dont elle légitimait le racisme par la forme même de ses traditions »[16]. Le critique n'a visiblement pas beaucoup de respect pour ce roman intitulé *Cœur martiniquais* : l'héroïne, une « mademoiselle de Linval », a assisté aux derniers jours de Saint-Pierre et « offre surtout à notre curiosité sa psychologie très particulière, sa vision du monde qui est en fait celle de sa caste, celle des pierrotins

---

15. Daniel Maximin, « Aimé.Césaire : la poésie parole essentielle », *Présence Africaine*, n° 126, 2ᵉ trimestre, 1983 (7-23), 10. Les références à ce texte seront indiquées entre parenthèses sous la forme : Maximin, 1983.

16. Jack Corzani, *La littérature des Antilles-Guyane françaises*, tome II, Exotisme et régionalisme, Fort-de-France, Désormeaux, 1978, 120. Les références à ce texte seront indiquées entre parenthèses sous la forme : Corzani, 1978.

blancs » (Corzani, 1978, 120-124). Mais de ces descriptions assez peu originales, on retient surtout que la catastrophe est symboliquement ressentie et interprétée comme la fin d'une époque pour les Blancs créoles. Incapable de voir au-delà de sa propre caste, « Mademoiselle de Linval » ne s'inquiète que pour la disparition de son propre monde, le monde de l'aristocratie blanche. Implicitement, elle ouvre donc la porte à une interprétation différente pour tous les « Nègres » qu'elle ignore : quoique le peuple noir soit aussi bien entendu la victime de la catastrophe naturelle qui touche tous les êtres vivants de l'île, il trouve en la figure mythique du volcan l'allié tout puissant qui détruit l'ennemi de toujours. Pour Corzani, l'éruption marque la fin de l'univers des aristocrates blancs :

> L'univers des Blancs créoles vient de s'effondrer. En Martinique, un événement symbolise ce bouleversement : l'anéantissement de Saint-Pierre. Si l'éruption de la Montagne Pelée souleva tant d'émotions, si de nos jours encore bien des gens s'émeuvent aux noms chéris du Morne Dorange ou de Fonds Coré, c'est qu'au-delà d'une ville embrasée s'évanouissait tout un monde, un ensemble de valeurs et de traditions, toute une Martinique révolue qui n'allait plus revivre que par la littérature et le rêve nostalgique des aristocrates déchus.

> Avec la ville de Saint-Pierre disparaissaient le « Paris des Antilles », la ville des plaisirs et de la joie de vivre, mais aussi surtout la ville blanche, la cité des colons, le symbole de la présence française aux « isles » (Corzani, 1978, 119).

Si bien qu'au contraire des auteurs comme Jean Max, la poésie de Césaire peut s'approprier la violence destructrice du volcan et y voir le symbole d'une révolte positive et optimiste, d'une révolte victorieuse qui va bel et bien aboutir à une transformation radicale du paysage antillais. La coulée de lave brûlante fournit au poète le matériau imaginaire d'une description de la parole poétique qui transcende les contradictions de l'assimilation : la longue inactivité du volcan, dont il est désormais établi qu'elle n'était que provisoire et qu'il ne fallait pas la confondre avec la mort, donne un sens positif aux siècles de patience forcée durant lesquels les esclaves en ont été réduits à absorber passivement ce que missionnaires et propriétaires entendaient leur inculquer. Le long silence qui a précédé l'éruption du volcan propose un modèle narratif encourageant à ceux et celles que l'on oblige à se taire, il explique aussi la violence qui se déclenche après un long mutisme et donne au vomissement poétique un caractère alchimique et spectaculaire débarrassé des connotations de maladie et d'abjection. Le volcan en éruption est une catastrophe naturelle contre laquelle la société blanche n'a plus aucun recours, c'est aussi un spectacle flamboyant dont la splendeur ne restera pas invisible. Pour Césaire, la métaphore volcanique est une façon de récrire l'histoire de son peuple dont la parole

> s'accumule pendant longtemps, elle s'accumule patiemment, elle fait son cheminement, on peut la croire éteinte et brusquement, la grande déchirure. [...] C'est ce qui lui donne son caractère dramatique : l'éruption (Maximin, 1983, 10).

Ce qu'on a « ingurgité de bonne grâce », comme disait Maryse Condé, devient le matériau de l'explosion, la cause immédiate de la destruction, d'une destruction systématique de tout un système, d'une violence révolutionnaire qui engloutit sans discrimination les maisons d'habitation des békés et aussi les rues Cases-Nègres. D'une certaine manière, la catastrophe affecte donc aussi les esclaves, menace leur vie et leur univers, mais à tout bien considérer, on comprend aisément que la disparition des Cases-Nègres, pour l'imagination d'un poète, puisse représenter avant tout la fin désirée d'un système haï. Il y a sans doute une certaine amertume à constater que même l'éruption d'un volcan était peut-être préférable au sort subi par les populations noires, et la révolution comme éruption a sans conteste des accents surréalistes. Mais il faut peut-être apprécier à sa juste valeur l'humour noir de la situation : un des poèmes de *Soleil Cou Coupé* semble arriver à la conclusion ironique que la « fraternité » du peuple blanc et du peuple noir existe effectivement mais uniquement lors d'une tornade, lorsque les deux races sont détruites. Il ne faut rien de moins qu'une catastrophe naturelle pour que les deux peuples se rejoignent (dans la mort).

Le temps pour la tornade de s'esclaffer de rire et la tornade fit sur tout une jolie imposition de ses belles mains blanches d'ecclésiastique.

Le temps pour Dieu de s'apercevoir qu'il avait bu de trop cent verres de sang de bourreau et la ville fut une fraternité de taches blanches et noires répandues en cadavres sur la peau d'un cheval abattu en plein galop...

(« La Tornade », *Collected Poetry*, 182).

L'humour décapant de « La Tornade » (avec et sans guillemets) pourrait tout aussi bien servir à décrire l'éruption du Mont Pelée. Recracher, métaphoriquement, n'est plus l'activité du petit écolier qui répète de mémoire tout ce qu'il lui a fallu ingurgiter, mais une activité volcanique, « dramatique » (Césaire pensait-il à son théâtre ?) qui rend hommage au paysage antillais et au potentiel de révolte de ses habitants. La parole poétique est « vomie » par le volcan mais sous forme d'une coulée ardente dont les vulcanologues et les touristes connaissent les dangers et les beautés.

La poésie, c'est le geyser et c'est l'éruption de ces forces si longtemps enfouies et occultées par les débris et les scories (Maximin, 1983, 10).

Le volcan combine beauté et violence en une image que l'histoire et la géographie de la Martinique peuvent s'approprier : « nos » ancêtres les Gaulois n'avaient pas de volcan. L'éruption a de plus l'avantage de métamorphoser les « vomissures de négrier » en magma incandescent : cette opération relève d'une fulgurante alchimie du verbe qu'auraient problablement enviée et Rimbaud et les surréalistes, et que l'on peut après tout qualifier d'humour « noir » au sens « propre » c'est-à-dire ici tragique et libérateur du terme.

La valeur politique de la métaphore volcanique vient de ce qu'elle propose au colonisateur une réinterprétation du monde, et ceci, dans la langue même qui a jusqu'ici servi à réduire au silence les populations colonisées. Quant à sa valeur poétique, elle est due à la richesse de toutes les connotations qu'elle parvient à rassembler, et à l'humour implicite du retournement de situation :

> Et voici soudain que force et vie m'assaillent comme un taureau et l'onde de vie circonvient la papille du morne, et voilà toutes les veines et veinules qui s'affairent au sang neuf et l'énorme poumon des cyclones qui respire et le feu thésaurisé des volcans et le gigantesque pouls sismique qui bat maintenant la mesure d'un corps vivant en mon ferme embrasement (*Cahier*, 57).

La symbolique volcanique qui revalorise la violence de l'éruption, en fait une image de vie et de respiration, est un exemple de ce qu'on a pu appeler le « marronnage »[17] culturel de Césaire. Ce qu'il fait subir à la langue française rappelle (et ridiculise un peu) les exemples de renversement de la hiérarchie blanc/noir imaginés par Sartre dans « Orphée Noir » : on se souvient que le philosophe reconnaît que la langue française opprime le « Nègre » qui « apprendra à dire "blanc comme neige" pour signifier l'innocence », et qu'il nous demande d'envisager « l'étrange saveur qu'auraient [...] des locutions comme "la noirceur de l'innocence" ou "les ténèbres de la vertu" [...] »[18]. Sa transposition pure et simple des symboles attribués aux couleurs est un peu plate et systématique par rapport à l'alchimie césairienne.

Lutter contre l'assimilation risque toujours de devenir une gageure ou un paradoxe et c'est ce que l'alchimie métaphorique peut nous aider à éviter, peut-être mieux que les discours politiques (coulés dans le moule de l'idéologie dominante) ou que le travail intertextuel, toujours susceptible de récupération. L'image du volcan peut devenir la signature d'une culture, d'un imaginaire, d'un capital mythique antillais qui ne devraient rien à la Métropole. Bien que le *Discours sur le colonialisme* ait fait la preuve que Césaire ora-

---

17. Voir l'article de James Arnold, « Aimé Césaire, marronneur de l'Occident », *Cultures et Développement*, XV, I, 1983 (57-68).

18. Jean-Paul Sartre, « Orphée Noir », préface à l'*Anthologie de la nouvelle poésie nègre et malgache* de Léopold Senghor, Paris, Quadrige, PUF, 1948, p. XXI.

teur n'avait rien à envier à Césaire poète, bien que le *Cahier*
nous ait donné quelques pages d'intertextualité remarquablement ambiguë, il ne faudrait pas en conclure que la langue
française se laisse si facilement manipuler : l'idéologie coloniale revient subrepticement nous parler au moment où nous
nous y attendons le moins.

Je pourrais prendre l'exemple de la communication de
Maryse Condé qui avait visiblement pour but de promouvoir
la culture antillaise dans ce qu'elle aurait de plus « authentique », de moins contaminée par la « France ». Pour expliquer
que les exils successifs ont été des échecs pour toute une génération d'Antillais, Maryse Condé explique :

> Nous étions porteurs d'une culture qui était la culture antil-
> laise que nous portions en nous sans le savoir comme Mon-
> sieur Jourdain faisait de la prose sans le savoir et qu'il fal-
> lait désormais réfléchir sur ce que nous avions en nous-mêmes
> (*Notes*, 13).

Le message est clair, il faudrait être de mauvaise foi pour
demander de plus amples explications, mais la langue française sape la réflexion et la trahit : le problème de l'analogie
avec Monsieur Jourdain est que le texte de référence est ici
une pièce de Molière. Bien sûr, il ne s'agit pas de systéma-
tiser la stratégie qui consisterait à refuser tout parallèle et faire
que la littérature métropolitaine devienne à jamais taboue.
Pourtant, n'est-il pas troublant que le modèle que Maryse
Condé propose implicitement aux Antillais et aux Antillaises
soit le Bourgeois gentilhomme, c'est-à-dire un personnage qui
se rend ridicule parce qu'il veut sortir de sa condition en imi-
tant le Noble ? On peut aussi se demander qui serait le maître tout-puissant qui apprendrait aux Antillais qu'ils ont toujours porté en eux leur culture. Il serait regrettable d'imaginer que ce pédagogue ressemble au professeur snob et con-
descendant qui apprend à Monsieur Jourdain qu'il faisait de
la prose sans le savoir. Ce personnage n'est-il pas d'ailleurs
comparable au triste « Maître de cérémonies » qui vient aider
le roi Christophe à faire de sa cour une réplique burlesque
de la cour française ? Le texte de la *Tragédie du roi Chris-*

tophe ne cache pas son mépris pour le bouffon qui symbolise l'aide extérieure apportée par la France :

> Avez-vous remarqué qui l'Europe nous a envoyé quand nous avons sollicité l'aide de l'Assistance technique internationale ? Pas un ingénieur. Pas un soldat. Pas un professeur. Un maître de cérémonies... (*Christophe*, 32).

Ce maître du Bourgeois gentilhomme, dont l'autorité n'est jamais remise en question, est-il bien qualifié pour prodiguer un enseignement qui serait au service de l'autre plutôt qu'au service de l'ordre établi ? La connaissance apportée à Monsieur Jourdain dans le domaine de la prose ne lui sert d'ailleurs pas à grand-chose dans la pièce si ce n'est à martyriser Martine, la servante, qui ne voit vraiment pas l'intérêt de décrire les mouvements de sa bouche quand elle fait « U ». Le Bourgeois est l'imitateur des nobles et son snobisme entretient des rapports dangereux avec celui du mulâtre-singe dont parlait Léro. De plus, dans *Le Bourgeois gentilhomme*, le maître apprend à son élève que son discours a déjà été codifié, qu'il appartient à une catégorie toute faite, qu'il lui suffit de reconnaître comme membre de cette catégorie. Serait-il exagéré de comparer le savoir du maître de Monsieur Jourdain aux travaux de certains linguistes qui éliminent les composantes sociales et font de la langue un objet de science réifié ?

L'image du volcan évite ces pièges pratiquement inévitables, elle renverse les systèmes d'appartenance puisqu'elle parvient à faire de la Martinique le point de référence : ici, le vécu antillais informe la langue poétique au lieu que la langue se fasse le véhicule d'une idéologie au service d'autres intérêts que ceux des locuteurs. Le volcan est une métaphore heureuse parce qu'elle parle le problème de l'assimilation et met fin au « différend ». Le tort causé n'est certes pas réparé, du moins est-il désormais inscrit dans une langue qui ne l'occulte plus.

> Au bout du petit matin, l'incendie contenu du morne, comme un sanglot que l'on a bâillonné au bord de son éclatement sanguinaire, en quête d'une ignition qui se dérobe et se méconnaît (*Cahier*, 11).

« Vive la poésie » devient le synonyme inquiétant de « vive la catastrophe » qui fera advenir les mots du peuple antillais :

> Des mots ah oui des mots mais des mots de sang frais, des mots qui sont des raz-de-marée et des érépisèles des paludismes et des laves et des feux de brousse, et des flambées de chair et des flambées de ville... (*Cahier*, 87).

Des mots qui pourront écrire une histoire qui ne serait pas ce que Glissant appelle une longue névrose, ou ce que Dany Bebel-Gisler, faisant référence à Deleuze et Guattari, appelle une schizophrénie[19]. Lorsqu'elle se fait le creuset alchimique où se recréent les images et donc le réel, la poésie antillaise parvient, malgré tous les obstacles qu'on l'oblige à surmonter, à inventer ses propres mythes, à célébrer à sa manière des héros qui n'ont jamais été canonisés par la Métropole :

> Saint Dessalines mort au Pont Rouge tel un Dieu pris au piège
> On eût dit *vomi par l'effroyable fissure le noir feu de la terre*

> (*Christophe*, 127, je souligne)

---

19. Voir *La langue créole, force jugulée*, 18.

6

Les ruses de l'intelligence

La mètis *de la mulâtresse Solitude*

1. *Mètis* et métissage

> Je suis un Nègre, mais je n'ai besoin ni des
> Noirs ni des Blancs pour en avoir conscience.
> Je ne suis pas nègre par réaction : de frater-
> nité imposée avec les uns, d'hostilité distante
> avec les autres (*L'Isolé Soleil*, 98).

Dans cette dernière partie, je voudrais réfléchir à une forme
d'opposition qui est en général considérée comme un état, une
forme d'être, ou une classe d'individus : le métissage. Après
avoir suggéré que la plupart des formes d'opposition sont susceptibles de se retourner contre l'instance qui les utilisent,
et que les formes de la soumission la plus servile sont parfois les formes de rébellion les plus efficaces, j'aimerais à
présent aller au-delà de la distinction entre tactique d'opposition efficace et idéologie d'opposition, entre compétence et
performance de l'opposition. Je voudrais ici analyser ce qu'il
en est de la représentation du métissage et de ce que les tex-

tes qui mettent en scène ce phénomène peuvent nous apprendre en termes de pouvoir et d'opposition au pouvoir. En effet, plutôt que d'essayer d'articuler une définition du métissage en termes de races, sexes ou classes économiques, j'aimerais redistribuer ces éléments sur deux axes de réflexion : celui de *l'appartenance* et celui de *l'alliance*.

En d'autres termes, le premier axe se demandera ce que nous apprend le métis ou la métisse[1] en termes *d'inclusion* et *d'exclusion* par rapport à un groupe apparemment préexistant, comment le sujet se définit en termes de « même » et « autre » dans le contexte du métissage antillais. Quelle est la nature et la fonction du lien *d'appartenance* avec la communauté « mulâtre » (si elle existe) et avec les communautés blanches et noires telles qu'elles se perçoivent ou sont perçues ? Le deuxième grand axe envisagera le métis ou la métisse comme un sujet défini par rapport à une alliance : non plus le même et l'autre mais l'allié et l'adversaire, non plus « je suis comme x » et/ou « je suis différent de x » mais « je suis l'ami et/ou l'ennemi de x » ou bien « x est mon ami et/ou mon ennemi ». Ces deux critères, qui ont l'avantage de pouvoir englober sans les séparer les considérations de race et de classe économique par exemple ont l'avantage de permettre une théorie du *lien* perçu ici comme ce qui permet paradoxalement de briser des chaînes. Le lien, qui permet à tout moment à un sujet de se définir et de se redéfinir par rapport à un groupe, a aussi un pouvoir créateur dans la mesure où, en se modifiant, le lien change aussi la définition des communautés au sein desquelles le sujet se pense. Le lien, qui apparemment renforce la définition des communautés telle qu'elle est donnée au moment où le sujet cherche à s'insérer ou à s'exclure, sert aussi à constituer de nouvelles communautés autour de l'individu. Si bien qu'une pratique systématique de l'activité de *liaison*, d'« entrée en Relation » comme dirait probablement Édouard Glissant, aboutirait à une mouvance idéologique qui idéalement, rendrait fina-

---

1. Le féminin de métis est tantôt métisse tantôt métive. J'ai choisi le premier terme, qui différencie moins le masculin du féminin et se rapproche phonétiquement de la « mètis » grecque.

lement inutiles les concepts même d'appartenance et d'alliance. Mais les communautés se referment toujours autour du sujet en créant des réseaux de liens figés et cohérents (race noire, sexe féminin, esclave, violée par le maître, marronne, héroïne de la résistance), tandis que le sujet, en créant de nouveaux liens, cherche parfois à échapper aux grandes catégories qui lui servent à se définir.

Les héros et héroïnes qui choisiront de repenser les liens d'appartenance et d'alliance auront besoin d'un savoir-faire, d'un savoir-penser très particulier pour parvenir à inventer d'autres relations que les stéréotypes parmi lesquels les conventions nous donnent à choisir. Le Noir, né esclave sur la terre des Antilles, ne sera pas impunément soumis à tout un système qui, par la force, impose non seulement un mode de vie mais une idéologie. Des hommes et des femmes « noires » sont perçus par les autres et par eux-mêmes comme *appartenant* à la communauté noire (que l'on rétrécit en général à la notion de « race ») et comme *adversaires* somme toute « naturels » de la race « blanche ». Pour sortir de ce déterminisme, les Blancs, comme les Noirs doivent non seulement refuser d'être pensés par les autres à l'intérieur de ces catégories (or, le rapport de pouvoir défavorable rend l'entreprise éminemment dangereuse) mais aussi se penser en dehors de ces cadres et imaginer une autre construction mentale, éviter l'intériorisation du schéma. Cette forme d'intelligence est aussi une forme de résistance qui échappe à l'alternative « tactique »/« idéologie ». J'aimerais rapprocher ce savoir-penser et savoir-faire, tout axé sur une pratique de la relation, de l'activité mentale que Marcel Détienne et Jean-Pierre Vernant analysent dans un ouvrage intitulé *Les ruses de l'intelligence : la mètis des Grecs*[2]. De nouveau, il ne s'agit pas de rechercher loin des Antilles, et du côté de l'Occident, dans une origine spatiale et temporelle, un modèle au métissage, mais de profiter de l'homonymie heureuse entre le mot grec *mètis* et le terme qui désigne un sujet aux prises avec un double héri-

---

2. Marcel Détienne et Jean-Pierre Vernant, *Les ruses de l'intelligence : la mètis des Grecs*, Paris, Flammarion, 1970. Toutes les références à ce texte seront désormais indiquées entre parenthèses sous la forme (Détienne).

tage culturel, racial, historique, économique, etc. Car l'analyse que font Détienne et Vernant isole certains principes qui font de la *mètis* une forme de pensée particulièrement adaptée aux situations où la victoire du plus fort semble facilement prévisible. Faite de souplesse et de polymorphie, de duplicité et d'équivoque, d'inversion et de retournement, la *mètis* est un « type d'intelligence rusée, assez prompte et souple, assez retorse et trompeuse pour faire face chaque fois à l'imprévu, parer aux circonstances les plus changeantes et l'emporter, dans des combats inégaux sur les adversaires les mieux armés pour l'épreuve de force » (Détienne, 52). C'est « un type particulier d'intelligence qui, au lieu de contempler des essences immuables, se trouve directement impliqué dans les difficultés de la pratique avec tous ses aléas [...] » (Détienne, 52). Les deux auteurs sont conscients que le savoir-penser et agir qu'ils analysent est contraire à toute morale officielle, qui, émanant du pouvoir, a pour but de maintenir le statu quo. La morale chrétienne, qui présidait à la reproduction du pouvoir blanc aux colonies, aurait certes condamné la *mètis* qui « s'oriente du côté de la ruse déloyale, du mensonge perfide, de la traîtrise, armes méprisées des femmes et des lâches » (Détienne, 20)[3]. Il est cependant à noter que la condamnation morale qui s'exprime ici est elle-même une forme de *mètis* dans la mesure où ceux ou celles qui invoquent la « bassesse » de certaines formes de résistance pour les discréditer tentent en fait de se protéger contre leur efficacité en les mettant hors-jeu : en formulant la condamnation en termes de « lâcheté » et de « féminisation », l'adversaire prend un avantage décisif s'il est écouté. Le sujet résistant devra d'abord se libérer du tabou de lâcheté et de féminité. Ce qui sera, par exemple, d'autant plus paradoxal pour

---

3. Parce que la *mètis* est aussi l'apanage des animaux, elle propose finalement une solution au problème non tranché de la dialectique hégélienne qui fait de deux êtres des ennemis perpétuels au nom d'une Humanité interprétée comme l'opposé de l'Animalité (caractérisé par son désir de conservation de la vie). Il faudrait rapprocher cette exigence finalement arbitraire du savoir-vivre et du savoir-faire des animaux qui peuplent les contes antillais et incarnent avec bonheur certaines tactiques d'opposition que le faible peut efficacement réutiliser. Voir, en particulier, les contes de compère Lapin.

les esclaves noirs (et peut-être surtout pour les esclaves mâles qui interpréteront sexistement la féminité comme une des formes de la lâcheté) que s'ils ne résistent pas, ils sont, à leurs propres yeux, coupables de lâcheté, de passivité. Or la voie du succès par la *mètis* est barrée par l'idéologie dominante qui enseigne que les armes qu'il faudrait choisir pour réussir sont justement les armes des « lâches ». Ceci dit, rien n'empêche jamais un sujet résistant de retourner la *mètis* contre le raisonnement de l'ennemi, en faisant par exemple remarquer que, si l'esclave se trouve placé dans une situation où il faut choisir entre deux formes de lâcheté (la passivité ou la « ruse déloyale »), le dilemme est libérateur par rapport à la situation qui commandait de choisir entre « l'honneur » et la « lâcheté ». La *mètis* sera donc aussi une forme extrême d'attention aux descriptions, une vigilance de tous les instants :

> Vigilante, sans cesse sur le qui-vive, la mètis apparaît aussi multiple [...], bigarrée [...], ondoyante [...], toutes qualités qui accusent la polymorphie et la polyvalence d'une intelligence qui doit, pour se rendre insaisissable et pour dominer des réalités fluides et mouvantes, se montrer toujours plus ondoyante et plus polymorphe que ces dernières. Intelligence rusée, la mètis possède enfin la ruse la plus rare : la « duplicité » du piège qui se donne toujours pour autre que ce qu'il est et qui dissimule sa réalité meurtrière sous des apparences rassurantes (Détienne, 32).

Vernant et Détienne ont donc raison de conclure que la *mètis* est « plus précieuse que la force ; elle est en quelque sorte l'arme absolue, la seule qui ait pouvoir d'assurer en toute circonstance, et quelles que soient les conditions de la lutte, la victoire, et la domination sur autrui » (Détienne, 21). Sans peut-être souscrire inconditionnellement à leur optimisme, je me propose donc de lier la *mètis* au contexte de la littérature antillaise, ce qui me permettra d'envisager le « métissage » comme une *activité* de résistance, de le définir comme une *pratique* plutôt que comme un positionnement toujours problématique. En d'autres termes, quel cheminement permet à un héros ou une héroïne d'*être* métis(se) mais aussi *d'avoir* la *mètis* ? Puisque, dans le contexte antillais, le métissage est loin d'être optimistement perçu comme une solution aux problèmes de relation entre les individus et les classes entre elles, il est peut-être utile de ne pas le penser comme une identité subie, comme une appartenance inévitable à un tiers-groupe d'ailleurs extrêmement mal cerné. Le héros et l'héroïne qui se perçoivent comme doués de *mètis* auraient réussi à réinterpréter le concept de manière à ce que le métissage puisse être mis à leur service au lieu de devenir une cause de schizophrénie.

En effet, dans un contexte colonialiste, les systèmes d'appartenance et d'alliance qui régissent les communautés en présence s'établissent dans un climat de violence extrême et se trouvent souvent caricaturalement réduits à une opposition binaire entre Blanc et Noir. La littérature créole, crispée par ce système fortement polarisé, a toujours du mal à représenter le métis ou la métisse autrement que par une alternative entre métissage euphorique et métissage dysphorique, métissage malédiction, ou métissage salut. La vision du métis ou de la métisse comme hybride enferme le sujet dans un système qui l'empêche de se définir autrement que par la négative[4]. Même lorsque le métis est décrit comme l'heureux héritier de deux cultures, l'admiration qu'il suscite est trop souvent teintée de triomphalisme assimilationniste (voir par exemple les éloges à double tranchant que Breton décerne à Césaire dans sa préface au *Cahier d'un retour au pays natal*). Le plus souvent cependant, la double appartenance est perçue comme une bâtardise (puisqu'elle est le résultat d'un viol ou d'une forme de transgression sociale), une double trahison qui se traduit soit par un discours désastreusement aliéné (parce que mimétique), soit par le silence. La définition du métissage comme positionnement se heurte donc toujours à l'écueil des frontières figées, d'une vision totalisante des races et de la culture. Les métis(ses), tiraillé(e)s entre deux entités, sont encore victimes de l'Un, dont ils ou elles sont les bâtard(e)s, les singes, les traîtres(ses).

---

4. André Schwarz-Bart, *Le dernier des Justes*, Paris, Seuil, 1959.

2. De Deux-âmes/Rosalie à Solitude : de la dualité imposée à l'isolement choisi, le double refus de l'appartenance

Un personnage féminin de l'histoire et de la littérature antillaise me paraît échapper à cette insoluble demande de choix et se présenter comme le type même des héros ou héroïnes à *mètis* plutôt que métissé(e)s. Il s'agit de Solitude, l'héroïne du roman de Schwarz-Bart, *La mulâtresse Solitude*.

Solitude est une mulâtresse, née du viol subi par sa mère sur le bateau qui l'emmène en Guadeloupe. Cette origine « bâtarde » explique en grande partie son positionnement problématique par rapport à toutes les communautés qui la somment de se définir ou lui imposent une identité. Ce n'est sans doute pas un hasard que ce personnage soit sorti de l'imagination d'un auteur qui fera peut-être figure d'intrus au sein d'un ouvrage consacré à la littérature antillaise : André Schwarz-Bart, après tout, n'est pas « antillais ». Auteur métropolitain, blanc, déjà connu pour son roman *Le Dernier des Justes* qui a obtenu le prix Goncourt en 1959[5], André Schwarz-Bart pourrait, non seulement représenter « l'étranger », mais aussi peut-être l'étranger parasite : la première interprétation qui risque de s'imposer comme une évidence est qu'André Schwarz-Bart est le type même de l'auteur postcolonialiste qui récupère les thèmes et les personnages de « l'autre » sans pour autant lui laisser véritablement la parole. Comme Françoise Lionnet, on peut donc effectivement se demander : « Peut-on vraiment parler d'André Schwarz-Bart

---

5. J'utilise ici le mot hybride comme une métaphore approximative de la définition que donneraient du mot les biologistes. Cette conception de l'hybridité serait donc à distinguer de ce qu'Homi Bhabha analyse dans son célèbre article, « Signs Taken for Wonders : Questions of Ambivalence and Authority under a Tree Oustide Delhi, May 1817 ». Ce que Bhabha appelle la « métonymie de la présence » serait plutôt, justement, à rapprocher de ce que Détienne et Vernand appellent la *mètis*. Une des conséquences de ces définitions d'une hybridité comme pensée métisse (ou « logique métisse » pour reprendre l'expression de Jean-Loup Amselle) serait de permettre une théorie qui, née du post-colonialisme, sert en fait à parler de l'Occident qui se découvre palimpsestique de ses colonies par un jeu subtil de dédoublement et de différence.

comme d'un auteur antillais ? » Après tout, comme le fait remarquer Ronnie Scharfman, rien ne s'oppose à ce qu'on décrive d'abord André Schwarz-Bart comme un « homme blanc, juif, métropolitain », ce qui *a priori* ne semble pas le prédisposer à entrer dans le cadre de la littérature antillaise[6].

Ceci dit, le positionnement limite de l'auteur vis-à-vis d'un hypothétique canon antillais présente plusieurs avantages : tout d'abord, il permet de remettre en question les présupposés qui ont jusqu'ici entretenu et reproduit le « différend », ensuite, il nous autorise à lire le personnage de Solitude comme une sorte de mise en abîme de la place de l'écriture aux prises avec les catégories incontournables de classe, de sexe et de race.

Le fait est que le rapport entre Schwarz-Bart et les « Antilles » est flou, trouble, et difficilement analysable. Que dire d'un auteur, marié à une Guadeloupéenne, qui se propose de commencer un cycle de « romans antillais » et qui sollicite, pour ce faire, la collaboration de sa femme ? Verra-t-on dans ce couple une reproduction de la « manufacture » familiale de Willy et Colette, où la femme, forcée d'écrire, enfermée dans sa chambre, sert finalement de « nègre » à son mari ? Doit-on, une fois de plus, se demander si les « Antilles » s'expriment ici par le biais d'un jeu de mots muet qui littéralise la position de l'épouse de l'auteur et nous laisse à entendre que, quelle que soit la race du sujet mis dans cette position, il devient toujours le « nègre » du patriarcat ? Il va pourtant sans dire que la comparaison avec Colette me paraît dans ce

---

6. Je remercie vivement Françoise Lionnet et Ronnie Scharfman d'avoir soulevé le problème au moment de la lecture du manuscrit. Au sujet de l'image que le monde littéraire se fait d'André Schwarz-Bart, de l'identité que l'on choisit de lui donner, voir aussi la couverture du *Dernier des Justes* qui insiste sur les activités politiques de l'auteur pendant la guerre et sur son appartenance à la classe ouvrière (« Entré dans la Résistance en 1943 et arrêté, il s'évade, rejoint le maquis puis s'engage dans l'armée et participe à la campagne 1944-45. Autodidacte, de formation ouvrière, il a été ajusteur, puis étudiant en Sorbonne »). Je remercie aussi un lecteur ou une lectrice (anonyme) qui m'a fait remarquer que le mot grec *mètis* désignait aussi l'art du poète. Je me demande si définir le poète ou l'écrivain comme un personnage qui fait preuve de *mètis* ne serait pas une façon de créer ce que Chantal Mouffe appelle des « équivalences démocratiques en chaîne » (dans la mesure où la *mètis* ne serait pas susceptible de s'en tenir aux limites essentialistes d'un « mélange » des races).

cas particulièrement risquée. Simone Schwarz-Bart a effectivement contribué à *La mulâtresse Solitude*[7], mais *Pluie et vent sur Télumée Miracle*, *Ti-Jean l'horizon* et *Ton Beau Capitaine* ont fait d'elle non seulement un auteur à part entière, mais l'une des voix les plus fascinantes des deux dernières décennies. Le rapport entre André Schwarz-Bart et Simone Schwarz-Bart ne se laissera donc pas simplifier ou réduire à d'autres schémas connus : André Schwarz-Bart n'est pas Willy, et Simone Schwarz-Bart n'est ni Colette ni même une Suzanne Césaire dont la voix disparaît après *Tropiques*. Il reste qu'André Schwarz-Bart n'est pas né aux Antilles, et qu'il n'est pas noir. Sa relation avec une Antillaise est élective, il ne s'agit pas d'un lien biologique. Et à invoquer ainsi toute une série de critères négatifs, je voudrais mettre l'accent sur la facilité avec laquelle les catégories s'inversent, sans modifier les modèles d'appartenance, d'inclusion et d'exclusion qu'elles conditionnent.

Ironiquement, cette figure du « parasite » culturel, du « profiteur » littéraire que pourrait si facilement incarner André Schwarz-Bart est elle aussi inversée et dédoublée par le rapport trouble et flou qui relie son œuvre à celle de l'Autre, à celle d'un autre colonisé par l'Occident, jusque (semble-t-il) dans sa langue : Yambo Ouologuem. On connaît le succès qu'a connu *Le devoir de violence*, cette sorte d'anti-idéalisation qui ridiculise le mythe d'une Afrique pure, innocente et naïve. On sait aussi à quel point le roman a fait scandale lorsque l'auteur a été soupçonné de plagiat[8]. *Le dernier des Justes* fait partie des textes cités par ceux qui accusent Ouologuem de plagiat et se trouve donc placé en position d'origine légitime parasitée par le texte de l'autre que l'on blâme parce qu'il a dérobé le patrimoine culturel sans rendre hommage à la signature d'André Schwarz-Bart. D'une certaine manière, le phénomène Ouologuem peut être considéré

---

7. Son mari le reconnaît volontiers dans une interview consacrée à Simone Schwarz-Bart lors de la parution de *Pluie et vent sur Télumée Miracle* (*Textes-Études-Documents*, n° 2, 1979, 13-22).

8. Voir le commentaire que fait Christopher Miller de cet épisode dans le dernier chapitre de son livre *Blank Darkness* : « Dis-figuring Narrative : Plagiarism and Dismemberment in Yambo Ouologuem's *Le devoir de violence* » (Miller, 216-250).

comme une tactique d'opposition puisqu'il répète les mots de l'Occident mais se les approprie sans vergogne. Non content de parler la langue de l'Occident, Ouologuem vole ce qui, dans la parole de l'autre, se laisse le plus facilement commodifier (le texte dont l'auteur devient propriétaire), et ce, pour l'insérer dans un roman qui dénonce toutes sortes de portraits qui ont déjà été faits de l'Afrique par les auteurs occidentaux. Le problème du « plagiat » se charge ici de connotations historiques et culturelles qui nous invitent à éviter toute définition universelle. *Le dernier des Justes* et *Le devoir de violence* sont ainsi liés par un lien ambigu et problématique qui semble désigner l'auteur du second livre comme le tricheur et le parasite. Pourtant, lorsque André Schwarz-Bart écrit *La mulâtresse Solitude*, nul ne lui reproche d'avoir emprunté le personnage de Solitude à l'historien Oruno Lara par exemple[9]. Il ne s'agit ici ni de définir implicitement tout plagiat comme un acte politique subversif (et donc d'exonérer Ouologem de toute condamnation), ni de suggérer que *La mulâtresse Solitude* serait un plagiat non dénoncé (et donc de rejeter le blâme sur les auteurs occidentaux qui plagieraient toujours impunément), mais de remarquer que le problème du « parasitage » culturel ne peut pas être liquidé en termes biologiques ou nationaux.

Supposer qu'il est possible, tout à la fois, que *La mulâtresse Solitude* fasse partie de la « littérature antillaise » et que son auteur ne soit pas « antillais » revient à poser de nouveau la question des marges, des limites, et des silences qui président à la formation d'un canon. Il faut admettre que nos *a-priori* les plus conservateurs nous poussent à envisager que la littérature « française » est *produite* par des auteurs « français ». Et par « français », je ne veux pas dire ici les citoyens

---

9. Le nom de Solitude évoque aussi celui d'un personnage historique, « réel » qu'Oruno Lara mentionne dans *La Guadeloupe dans l'histoire*. Arlette Gautier s'en souvient pour donner un titre à son livre : *Les sœurs de Solitude : la condition féminine dans l'esclavage aux Antilles du XVIIᵉ au XVIIIᵉ siècle*. Au début de son livre, elle écrit : « ...l'historien haïtien Jean Fouchard et le Guadeloupéen Oruno Lara ont loué le courage des femmes dans les luttes révolutionnaires. Elles sont restées sans nom sauf Sanite Belair, Marie-Jeanne Lamartinière pour Saint-Domingue et la mulâtresse Solitude en Guadeloupe » (*Les sœurs de Solitude*, 221).

français : bizarrement, je ne crois pas que le canon repose sur une définition trop étroite du « français » mais au contraire sur une définition excessivement large et vague : ici, la France n'est pas envisagée au sens étroit et nationaliste du terme (puisque strictement parlant, les Antillais sont, après tout, des citoyens français). Au contraire, le « Français » invoqué par les partisans d'un canon restreint est un « Français » mythique, imaginaire, stéréotypé : c'est le « Français » mâle, blanc, et parisien de surcroît. A ces textes écrits *par* des « Français » (et non pas en français, quoique le choix de cette langue soit implicitement obligatoire), s'ajouteraient des marginaux, des cas limites d'auteurs qui écrivent en français et dont on a à peu près « oublié » qu'ils ne sont pas « vraiment français ». Il est sous-entendu que cet « oubli » est une garantie de leur « valeur » littéraire ou artistique. Depuis longtemps déjà, tout chanteur ou écrivain belge ou suisse connu perd sa différence au moment où le canon l'inclut et le reconnaît.

On pourrait suggérer qu'au sein d'une littérature antillaise ironiquement (ou tactiquement) constituée sur le même modèle que le canon qui l'a exclue, André Schwarz-Bart joue un peu le rôle de ces « oubliés », c'est-à-dire non pas des exclus, mais des inclus pour cause d'oubli de la différence. En incluant visiblement André Schwarz-Bart parmi les auteurs qui écrivent une littérature « antillaise », je fais donc comme s'il existait un canon antillais capable et désireux de s'approprier le texte et la signature, tout en espérant que si, effectivement, la littérature antillaise n'existe qu'à force de vigilance et de résistance au silence, cette appropriation n'existera qu'à la condition de s'autodénoncer comme position intenable. Si tel était le cas, il y aurait lieu de se demander si les liens mal formulés qui se tissent entre Schwarz-Bart et le passé antillais ne sont pas « une puissante démonstration de métissage », comme le suggère Françoise Lionnet. Et il serait moins surprenant de constater la similarité structurelle qui rapproche l'auteur et son personnage.

A sa naissance, Solitude a « un œil sombre et l'autre verdâtre, et qui semblaient chacun appartenir à deux personnes différentes » (46). Pour la mère, qui cherche en vain, sur les traits de son enfant les marques de l'Afrique, ces deux yeux lui font un « regard insoutenable ».

Personnage sans identité autre que celle que lui imposent les autres esclaves et ses maîtres, l'enfant hérite d'abord de deux identités tout aussi problématiques l'une que l'autre : les Noirs l'appellent « Deux-âmes », alors que les Blancs l'enregistrent sous le nom de Rosalie simplement parce qu'une vieille esclave qui venait de mourir portait déjà ce nom. La substitution pure et simple, le passage du nom de la morte à celui de la nouveau-née signale le point de vue des maîtres : la transmission du nom déjà habité enlève à la petite fille toute spécificité autre que son héritage d'esclavage. Il y a cependant une ironie certaine dans la conjonction inattendue entre le nom qui évoque et problématise la couleur rose et la peau de « sapotille » de la nouvelle « Rosalie ». Quant au nom que lui attribuent les esclaves, il semble lui interdire à tout jamais la possibilité de parvenir à une identité harmonieuse : la petite mulâtresse est une somme d'éléments irréconciliables, un agrégat discordant qui la sépare de tous, elle est l'image du « disjoint »[10]. Il est à noter que dans ce récit, la séparation entre les deux communautés, les Blancs et les Noirs, est représentée par ce désaccord devant ce qui se nomme. Les deux camps ne parlent pas le même langage, ne désignent pas les mêmes objets par les mêmes mots, les mêmes situations par la même histoire. Ce qui est présenté comme le même être au lecteur est identifié par deux

---

10. C'est l'expression qu'utilise le roi Christophe pour décrire son pays ravagé par la guerre et les dissensions. Il y a souvent équivalence de description entre la tragédie du métis et celle du sol, du pays en décomposition.

— Christophe :
« Vastey, tout par terre
de la poussière partout
du gravat
terre et chaume, le bousillage désassemblé.
Du ciment ! Je cherche de la pierre !
Tout ce disjoint, oh ! mettre tout cela debout !
Debout et à la face du monde, et solide ! » (*Christophe*, 45).

Alors que Christophe traduit sa peur du « désassemblé » et du « disjoint » par une nostalgie du solide et du dur, la *mètis* consiste à tirer parti de ce qui ne se laisse plus enfermer par des frontières rigides, de ce qui est flou, courbe, éparpillé.

noms différents. La mulâtresse est le lieu où se séparent irrémédiablement les deux communautés alors qu'elle est aussi
celui où elles sont inextricablement liées. Symbole extraordi-
nairement explicite de dualité, l'enfant porte deux fois le nom
des autres, et ces noms insistent sur la difficulté de gérer les
liens multiples qui le rattachent aux deux communautés. Les
autres la perçoivent comme « tissée d'ambiguïtés » (45) ce qui
augure bien de son destin de personnage à *mètis*.

Mais il est tout aussi remarquable que lorsque, plus tard,
le texte adopte le point de vue de « Solitude » et la désigne
par le nom qu'elle s'est elle-même choisi, il devient évident
que la petite fille a refusé en bloc les deux identités qui lui
ont été proposées : ce nom de « Solitude » apparaît vers le
milieu du roman, au moment où l'évolution de la petite mulâtresse lui permet de se définir négativement : elle n'est plus
ce que voient les autres, un symbole du métissage défini par
l'éternelle nécessité du choix entre deux communautés, elle
est *celle qui n'a pas de lien*. Comme Ulysse, le personnage
à *mètis* par excellence, la petite fille choisit un nom qui est
une façon de tricher avec les limites de l'identité. En somme,
elle aussi, à sa manière est « Personne », fille de « Personne »,
ne ressemblant à « Personne », ne devant rien à « Personne ».

En se donnant le nom de Solitude, l'enfant refuse d'être
liée au maître blanc par le signifiant arbitraire de Rosalie,
et refuse aussi ce nom déterministe de Deux-âmes. Elle
renonce aussi au lien biologique avec la mère qui s'est, de
toute façon, révélé fragile et se donne la possibilité de repenser
la notion de fidélité sur d'autres bases que sur les attaches
biologiques. Elle se donne un nom qui la détache de tout.
En brisant les liens qui la rattachent d'abord à sa mère puis
à une sorte de devoir implicite envers qui que ce soit, l'enfant
nous propose d'établir un parallèle entre le cordon ombilical
malsain qui la rattache à sa mère et le cordon qui la ratta-
cherait à une hypothétique race ou à un groupe culturel. Bien
sûr, ce nom de « Solitude » est lui aussi allégorique ou du
moins motivé mais il prétend poser le problème plutôt que
le résoudre : le moment où l'enfant se nomme n'est pas décrit
comme un moment euphorique de libération, une sorte de bap-
tême grandiose. Il est présenté comme un marquage volon-

tairement accepté : « Un jour, elle marqua pour ainsi dire, ses propres fers sur ses épaules » (75). Le choix d'une identité n'est donc pas décrit comme un échappatoire, un marronnage, mais la décision de Solitude est peut-être encore plus subversive : la mère de l'enfant lui proposait le modèle du marronnage et Solitude aurait pu suivre son exemple mais le fait est que la mère, en s'enfuyant, a laissé son enfant à la plantation. A son héroïsme, forcément doublé d'abandon, Solitude oppose le choix volontaire d'un lien que nul ne pourra briser.

En se nommant Solitude, elle refuse de *prendre position* mais il ne s'agit pas là d'une neutralité : son attitude fluide (fuyante même, la morale du plus fort pourrait accuser Solitude de renier ses origines, de se dérober à ses responsabilités) lui permet de ne pas se définir par rapport aux frontières des groupes, des idéologies qu'elle n'a jamais eu l'occasion de formuler et qu'on lui fait subir. Son abstention est en fait une façon de s'opposer à une position qu'elle n'a pas choisie : en tant que fille d'esclave, le pouvoir la range parmi les esclaves, se permet donc de faire totalement abstraction de son métissage. Mais par ailleurs, précisément à cause de son métissage, le maître veut aussi l'arracher à sa mère pour la faire élever comme une cocotte. Face à la contradiction de ces étiquettes qui toujours l'oppriment, *Solitude-mètis* fait un premier choix : *le refus de tout lien.*

3. Les deux enjeux de Solitude : « biologie » et « politique »

Il faut relire les passages où Rosalie-Deux-âmes se heurte à deux communautés différemment hostiles pour comprendre quels sont les liens qui la tentent et auxquels elle renonce en choisissant son nom. La quête de l'héroïne est en effet un révélateur du grand nombre de définitions implicites du métissage et l'héroïne est ici celle qui refuse de se laisser enfermer. En fait, la première tragédie qui détermine le mouvement de retrait de la mulâtresse est l'échec de la première tentative de lien avec la mère.

La première caractéristique que le récit confère à l'enfant est une volonté déterminée de ne pas quitter sa mère. Dès le début du roman, par tous les moyens, Solitude refuse catégoriquement d'être séparée d'elle : la fillette se laisse mourir de faim dès qu'on l'arrache à la négresse Bobette. Le refus de la séparation d'avec la mère est présenté comme une décision ou une impossibilité absolue qui va jusqu'à la mort. Or cette incapacité de se laisser nourrir et élever ailleurs que chez la mère, que la critique psychanalytique pourrait interpréter en termes de névrose, prend immédiatement ici des connotations politiques puisque, avant même de savoir parler, l'enfant mulâtre oppose une fin de non-recevoir définitive aux désirs du Maître qui voudrait élever ce « produit » particulier « à la façon des êtres jaunes qui servaient d'intermédiaires entre les Noirs et les Blancs ».

> Lorsque naissait un tel produit, digne de servir à la table des Maîtres, on l'enlevait avant qu'il ne prenne les maladies, souvent mortelles, les tours d'esprit et de langage, les mains squameuses qui caractérisaient les bêtes des champs (*La mulâtresse*, 47).

Le problème du milieu ne saurait être plus directement posé : le texte fait dire aux Maîtres qu'ils sont conscients qu'on ne naît pas esclave, mais qu'on le devient en menant la vie des « bêtes des champs ». Rosalie-Deux-âmes, exceptionnellement, trouve le moyen d'imposer sa volonté en ce qui concerne le milieu dans lequel elle grandira. En refusant de se nourrir à un autre sein que celui de la négresse Bobette, elle propose une première réponse à l'éternel problème de définition auquel son statut de mulâtre la confronte : malgré les efforts conjugués des maîtres et de sa mère, elle semble refuser de devenir une intermédiaire, opter résolument pour le monde maternel, et choisir, par défaut, tout ce qui se rattache à cette image de la mère, c'est-à-dire, entre autres, la communauté noire. Cette première prise de position tranchée sera bel et bien la seule et la dernière.

La petite fille apprend vite qu'aucune récompense ne vient cautionner son attitude. Dès ce premier épisode, le récit insiste sur le fait que la fillette n'a pas vraiment le pouvoir de se définir, de choisir sa couleur et de donner à son choix une signification positive : car la mère à qui on ramène l'enfant à demi-morte ne voit pas son retour comme la fin de la bâtardise (comme la preuve du lien du sang), ni comme une preuve ou une prémonition d'une fidélité politique (elle ne se félicite pas que son enfant jaune ne l'ait pas trahie). Au contraire, la présence de l'enfant est perçue comme la présence du Blanc en elle, non seulement de ce marin blanc qui, en la violant, a définitivement modifié la nature du lien qui la lie à son enfant, mais aussi d'un Blanc symbolique avec lequel elle refuse tout lien et dont pourtant elle ne s'est pas débarrassée en se délivrant de la petite mulâtresse :

> Elle se désespéra, ainsi qu'au temps de sa grossesse, quand elle faisait chaque nuit le cauchemar d'un petit homme blanc qui sortait de son ventre, un fouet à la main (*La mulâtresse*, 47).

Le traumatisme historique qui a mis en relation le Blanc et le Noir empêche Man Bobette de voir, de se représenter son enfant autrement que comme la conséquence du lien de haine qui l'a créée : si bien que les éléments raciaux et sexuels se brouillent et que la petite fille jaune est perçue, en dépit de l'évidence, comme un « petit homme blanc ». La métisse devient un cauchemar historique. Rosalie-Deux-âmes doit apprendre très tôt qu'on la définit malgré elle, qu'elle ne peut échapper aux conséquences historiques de sa création, et que l'Histoire est plus forte que le lien soi-disant « naturel » qui unit la mère et la fille. A cette inéluctable violence de l'autre, Solitude-métis saura très vite opposer le silence, une passivité apparemment sans borne, elle deviendra impénétrable. Mais pour l'instant, à la vision du métissage que lui propose la mère, la petite Deux-âmes cherche à en proposer une autre :

> Mais les mesures les plus subtiles, les violences les plus manifestes n'y faisaient rien : toutes les nuits, dès qu'elle la

croyait endormie, la petite créature rampait silencieusement vers elle, jusqu'à enserrer, délicatement, une de ses jambes (*La mulâtresse*, 47).

Pour la mère, le lien historique est le plus important, mais ce n'est pas le cas pour l'enfant, comme si ces deux personnages luttaient pour imposer leur définition du métissage. Toute la première partie du roman, jusqu'à l'abandon-marronnage de la négresse Bobette, l'enfant, par l'intermédiaire de son lien de parenté avec la mère noire, semble prendre fait et cause pour les esclaves noirs. On dirait qu'elle fait preuve d'une sorte de fidélité innée pour la communauté des esclaves. Sa couleur « jaune » et la duplicité de son regard n'y font rien, l'enfant semble choisir d'abord d'ignorer totalement le métissage biologique et historique dont elle est le produit.

4. Le double soupçon de trahison, la double violence

En dépit de ses démonstrations répétées de bonne volonté, Rosalie-Deux-âmes ne trouve pas grâce aux yeux des autres esclaves : sa mère et son ami, le vieux « nègre à pilon » (dont la seule patrie, dit-on, est la couleur de peau), s'attendent à ce que l'enfant « trahisse » même si la nature de la désertion n'est jamais explicitement définie, même si l'enfant ne reçoit aucune éducation politique qui serait de nature à lui donner le choix de sa conduite. Condamnée à l'avance par sa « chair », par son statut pré-défini de mulâtresse biologique, Rosalie-Deux-âmes doit subir les prédictions de la communauté noire. Le vieux nègre à pilon lui caresse parfois la tête « *comme si elle eût été* une chaude et claire négrillonne » (*La mulâtresse*, 51, je souligne), mais le récit ne laisse aucun doute : ses caresses sont une erreur. Les paroles corrigent d'ailleurs ces gestes tendres :

> Mais sitôt qu'il ouvrait la bouche, curieusement, c'était pour évoquer les petites mulâtresses qui s'empressent de *renier* leur

mère, dès que le cordon ombilical se détache du cœur (*La mulâtresse*, 51, je souligne).

Pour la mère, le « reniement » devient « trahison » et, comme le nègre à pilon, ce n'est pas directement à Rosalie-Deux-âmes qu'elle adresse des reproches-prédictions. Les deux esclaves parlent comme si elle était absente alors même qu'ils sont en train de lui caresser la tête... ou de la battre.

> Elle entendit le pas léger de Man Bobette qui s'approcha, s'agenouilla, posa une main sur les yeux de la petite fille, sur sa bouche, sur son cœur battant, et puis commença de la frapper en silence, visant particulièrement les reins, le dos, le ventre. Man Bobette frappait avec une sorte de régularité lointaine, assidue, et de temps à autre s'arrêtait brusquement, murmurant d'une voix boudeuse, empreinte de nostalgie : *Hélas, cette chair ne songe qu'à trahir...* (*La mulâtresse*, 57).

Visiblement, la violence n'est pas seulement verbale. L'enfant déclenche involontairement une forme de violence très particulière qui fait d'elle la victime des deux communautés. Dès le début du récit, les Blancs et les Noirs se retournent contre elle et la petite fille ne peut pas s'offrir le luxe d'avoir la nostalgie du moment privilégié où on ne l'avait pas encore arrachée à sa mère : « graine bâtarde » (45), « vivant symbole » (46) de tout métissage, ce personnage est ainsi un modèle adéquat de l'histoire antillaise. L'enfant naît dans un vide qui l'accuse sans même lui parler, sans patrie, sans allégeance, sans communauté. Elle n'a pas plus de recours du côté des esclaves que du côté des maîtres comme le montre le parallèle inquiétant entre les deux scènes où la petite fille est brutalisée par deux personnages qui, dans un autre contexte, seraient symboles de protection ou de candeur : la mère noire, et la petite fille fragile du maître blanc. La mulâtresse déclenche par sa présence une violence étrange qui n'est pas le résultat d'une explosion de colère. Sa mère la bat systématiquement, régulièrement, apparemment sans motif, sans crainte des conséquences (puisqu'elle brave la colère des Maîtres qui « n'aiment pas qu'on abîme les petites filles jaunes et tout spécialement leur visage, bien précieux entre tous »

(*La mulâtresse*, 57). Rien ne peut faire cesser cette violence puisque seule la présence de la métisse et de ce qu'elle représente la déclenche, si bien que, malgré son amour pour sa mère, son désir de la protéger (« Ainsi, depuis toute petite, l'enfant Rosalie avait pris l'habitude de se taire sous les attaques de sa mère, dans l'espoir, la vaine espérance de lui éviter un Quatre-Piquets » (*La mulâtresse*, 57), elle ne parvient pas à expliquer cette « pluie de coups » (*La mulâtresse*, 57).

> Mais qu'est-ce qu'elle a donc aujourd'hui, la négresse Bobette ? Jésus Marie la Vierge, mais qu'est-ce qu'elle a dans son corps vivant, cette femme-là ? Rhoye, rhoye, rhoye, mais qu'est-ce... ? (*La mulâtresse*, 58).

Pourtant, la rencontre avec la petite fille blanche qui, elle aussi, brutalise Rosalie, donne l'impression que le récit insiste sur le parallèle et propose une explication : la mulâtresse est la victime de ceux et celles qui ne voient en elle qu'une créature déjà prévisible, déjà liée à son statut pré-défini. Ainsi, pour Xavière et ses petites « cocottes », la nouvelle venue n'est qu'une esclave à dresser. Comme lorsque Deux-âmes choisissait de rester dans le camp de sa mère, le métissage devient ici nul et non avenu (à cela près qu'il a autorisé la rencontre entre Rosalie et Xavière). Le passage met en scène une représentation de l'origine, le moment de la rencontre entre la maîtresse et l'esclave et c'est sans aucun doute l'un des plus cruels du roman car la violence perverse dont le narrateur rend compte paraît inévitable, dans la mesure où les acteurs et les actrices du drame sont figés dans des rôles dont ils ou elles ne peuvent sortir. M. Mortier, le maître de Rosalie et père de Xavière vient d'amener à sa fille la nouvelle petite esclave et il lui est donné d'être le témoin d'une scène insoutenable pour lui, car elle est un portrait inattendu de toute la barbarie du système esclavagiste, de sa propre cruauté et de sa responsabilité.

> ...M. Mortier s'éclipsa dans le couloir. Mais à travers les jalousies mobiles de la porte, il observa non sans émoi, la scène délicate qui se déroulait à l'intérieur : la petite Rosalie

debout au milieu du salon, un air rêveur et absent et bégayant calmement : Ou-oui, c'est co-comme cela qu'on m'appelle. Et Xavière fronçant les sourcils et disant d'un air fâché : Il faut dire oui maîtresse. Et cette quarteronne de Nini disant : Maîtresse, donnez-lui une fraîcheur. Et Fifine l'acidulée renchérissant là-dessus : Maîtresse, à quatre-piquets. Et puis à la grande tristesse de M. Mortier, sa douce Xavière approuvant les préparatifs et la curieuse mulâtresse s'allongeant sur le ventre sans mot dire, après avoir proprement rabattu sa robe sur ses reins, cependant que chacun des esclaves la tenait par la cheville ou le poignet. Enfin, la petite maîtresse se saisissant d'un mignon fouet à manche d'os, et le soulevant en grimaçant, comme le fait le Commandeur... (*La mulâtresse*, 64-65).

Tous les éléments de ce tableau malsain sont de nature à provoquer un malaise indescriptible et persistant : il s'agit ici d'enfants que le système transforme en petits tyrans et qui, par jeu, copient et parodient, dans un milieu clos, protégé, « délicat », le type de violence qui a cours sans arrêt dans les champs (ce qui démystifie complètement l'image idyllique qu'on a pu créer de la condition des mulâtres élevés chez les maîtres). La leçon n'est pas perdue pour le père, présence adulte, mâle, symbole de l'autorité qui assiste en voyeur à une scène où il constate avec terreur que le pouvoir qu'il croit exercer, s'exerce en fait tout seul, intériorisé aussi bien par sa petite fille que par les autres esclaves. On s'aperçoit que lui aussi, se laisse prendre à ce qui est en fait une « facétie » de sa fille. Mais devant l'ampleur de la catastrophe qui transforme sa « douce Xavière » en commandeur grimaçant, en « petit homme blanc avec un fouet à la main », on ne peut s'empêcher de rapprocher l'angoisse de ce père et celle de la négresse Bobette qui, en fait, faisait le même cauchemar que lui. M. Mortier pourtant ne rêve pas, mais il n'a pas non plus compris qu'il assistait à un « jeu » pervers, à une scène ritualisée que les enfants ne sont capables de jouer que par mimétisme.

A ce moment, M. Mortier étouffa une plainte et, en une sorte d'éclair, il entrevit la malédiction dans laquelle l'esclave entraînait son maître, tous deux rivés à une même chaîne qui les reliait plus étroitement que l'amour ; mais déjà, au lieu d'abaisser son fouet, la facétieuse enfant en caressait doucement la nuque de la nouvelle et éclatait de rire, imitée aussitôt par ses compagnes. Puis, elle releva la fillette de ses propres mains et lui dit en souriant : Je ne suis pas comme ma sœur Adélaïde, je ne joue jamais avec le fouet. Mais il faut me dire maîtresse, sinon papa ne sera pas content et ma sœur se moquera de moi (*La mulâtresse*, 65).

La violence de la petite maîtresse, pour être ludique et ritualisée (elle ne va pas jusqu'à frapper Rosalie mais fait néanmoins une démonstration éclatante de son pouvoir absolu), n'en est pas moins extrême. Tous les détails du texte qui insistent sur le fait que nous assistons à un rituel, une copie du monde des adultes ne font qu'aggraver le malaise : ce n'est pas la cruauté des enfants en soi qui est gênante ici (après tout, la vision idyllique du bon sauvage a été largement supplantée par la vision freudienne qui fait du surmoi le seul obstacle aux pulsions sadiques de chacun), mais l'aspect théâtral et spectaculaire qui nous renvoie à un modèle évident : les enfants sont capables de se substituer sans faillir aux rôles qu'ils singent. Le mimétisme est dangereux pour le colonisateur aussi bien que pour le colonisé. Le « fouet en manche d'os » que le texte qualifie de « mignon » est en fait un portrait métonymique de ce qu'est devenue la petite maîtresse : un agrégat insupportable d'impuissance (elle a peur de ce que dira son père, l'autorité, et des moqueries de sa sœur, son égale) et de pouvoir arbitraire et cruel. La « petite maîtresse » démontre aussi que son autorité n'a même plus besoin de force pour se maintenir, et son « jeu » pourrait s'appeler le jeu de l'intériorisation. Car toutes les fillettes sont apparemment complices et ce qui est peut-être le plus frappant ici, c'est l'unanimité dont elles font preuve : face à Xavière, maîtresse absolue de la situation, Rosalie met une sorte d'étrange perfectionnisme à sa totale passivité ; quant aux autres petites mulâtresses, non seulement elles sont complices du pouvoir mais ce sont elles qui suggèrent avec gourmandise (Fifine, « acidulée ») le jeu cruel dont la nouvelle est la victime.

5. La passivité du chasseur et la révolte générique

Cependant la résignation de la nouvelle est extrêmement problématique et rappelle ce que Détienne et Vernant appelaient la « duplicité » du piège [...] qui dissimule sa réalité meurtrière sous des apparences rassurantes » (Détienne, 32). En effet, le texte signale avec insistance que la passivité de Rosalie-Deux-âmes n'est pas faite d'acceptation mais de *mètis*. Comme à l'ordinaire, la forme de résistance est suffisamment ambiguë pour être prise pour une forme de soumission. Seule l'exagération, l'application que met Rosalie à se faire silencieuse, passive, indique qu'elle est en fait en état d'alerte, comme un guetteur patient, vigilant et attentif. Nous retrouvons ici les tactiques du chasseur que Détienne et Vernant remarquent chez les héros à *mètis* : « Être silencieux et toujours à l'écoute, rester invisible, sans que rien n'échappe à la vue, se tenir sans cesse sur le qui-vive... » (Détienne, 36). Le guetteur emprunte d'ailleurs ses ruses à l'animal retors qu'il cherche à capturer (le renard, ou le poulpe, tout ce qui se détourne ou glisse entre les doigts) et l'image correspond parfaitement à Rosalie-Deux-âmes qui ne laisse pas ses maîtres interrompre sa quête.

Alors qu'elle commence à douter de sa mère, à supposer qu'elle a été trahie, son indignation ne se traduit que par un masque de silence et d'indifférence soigneusement étudié. Le secret, le silence, le masque, la duplicité sont devenus les outils privilégiés de celle qui ne peut plus déclarer d'appartenance à aucune communauté. Il faut un narrateur omniscient pour donner au silence indéchiffrable de Solitude le sens caché d'une révolte en gestation :

> Keppe, keppe, faisait-elle *en secret*, du bout de sa glotte frappée contre le palais ; keppe, keppe, s'égosillait-elle *en silence*, par ce mouvement qui sert aux négresses à manifester leur indignation ; keppe, keppe, c'était donc ça qu'elle voulait pour moi, la négresse Bobette : alors c'était donc ça ?
>
> Et cependant, elle allait et venait à ses affaires, dans la grande case, aimable à tous, à tous *indifférente*, et soucieuse

seulement de ne pas déplacer le *masque doucereux* posé sur ses traits (*La mulâtresse*, 65, je souligne).

La passivité de l'enfant devient une forme de résistance invincible qui la soustrait à l'emprise du monde des autres. Le texte signale le moment fatidique où l'apparente passivité de Rosalie devient extrême et systématique : la mulâtresse se retire littéralement de la scène des vivants, se met hors-jeu lorsque la trahison de la mère devient impossible à nier. Un nègre marron repenti, qui a vu Man Bobette parmi les rebelles, apprend à la petite fille qu'elle « venait de mettre au monde un enfant, aussi noir et joli qu'une graine d'icaque » (*La mulâtresse*, 72). L'enfant noir, de race « pure » s'est substitué à la graine de sapotille, la graine bâtarde que la négresse Bobette n'a jamais pu accepter. Avant son départ, la mère s'efforçait en vain (c'est-à-dire refusait) de voir ce qu'il y avait de « noir », ou « d'Africain » dans les traits de la petite créature. Sa recherche d'origine était raciale, essentialiste. Son enfant, au contraire, refusait catégoriquement de prendre en compte le lien qu'elle était forcée d'entretenir avec la race blanche (qui de toute façon la reniait). Les deux positions étaient au fond relativement similaires si l'on considère que les deux personnages soupçonnaient l'impureté du mélange, et exprimaient la nostalgie d'une race pure qui, miraculeusement naîtrait avec toutes les options politiques nécessaires à sa survie et à sa dignité. Cependant, alors que la négresse Bobette persiste dans cette voie, Rosalie nous propose de plus en plus clairement, la vision d'appartenances et d'alliances choisies, élues, qui se libéreraient consciemment du déterminisme essentialiste et historique. Cette élection n'est pas une prise de position facile puisqu'elle amène Solitude au bord de l'autisme ou de la folie. Pour les autres esclaves de l'habitation, elle « tourna en zombi-cornes » (*La mulâtresse*, 74) mais sa passivité n'est pas totalement dénuée de sens puisque c'est à ce moment-là qu'elle choisit son nom de Solitude. Lorsque le chevalier Dangeau la rachète, il découvre « deux grands yeux transparents, de couleur différente, et qui semblaient plantés à l'intérieur d'un visage de cendre et de soie, le sibyllin visage d'une enfant morte... » (*La mulâtresse*,

78). Ses nouveaux compagnons « semblaient la croire autre,
essentiellement autre, et certains disaient qu'elle n'avait plus
d'âme » (*La mulâtresse*, 79). Le visage de Solitude est devenu
un texte indéchiffrable et le commentaire des esclaves (« *essentiellement* autre ») semble rendre hommage au chemin qu'elle
a parcouru : nul ne peut désormais classer Solitude, elle *n'est*
plus « Deux-âmes », mais elle *n'a* plus d'âme non plus, elle
est « autre », à l'abri des définitions et des catégories, elle
est libre.

6. L'alliance et l'appartenance élues

> Le merveilleux est l'image de notre liberté
> absolue.
> (René Ménil)

> Je crois qu'il y a toujours un certain danger
> à fonder quelque chose sur le sang que l'on
> porte, les trois gouttes de sang noir, c'est extrê-
> mement délicat, c'est extrêmement dangereux.
> (Césaire)

Solitude est libérée des liens qui l'enchaînent et l'oppriment,
et elle est désormais libre d'inventer sa révolte, sa résistance,
et de trouver sa place. Car le récit n'est pas naïf au point
de nous faire accroire que Solitude n'a plus d'ennemi sous
prétexte qu'elle ne se définit plus en termes d'appartenance.
Mais l'adversaire aussi et la forme de la lutte doivent être
redéfinis. Ainsi, le premier geste de révolte de Solitude n'en
est pas vraiment un : ou plutôt, le premier geste qui pourrait
la désigner à ses maîtres comme « coupable », « fautive » et
donc par association « rebelle », n'est absolument pas présenté
par le récit comme un acte, mais comme une maladresse, le
résultat de son ignorance et non pas de sa malveillance.

Une des responsabilités de la petite mulâtresse consiste à nourrir les poules. Mais un jour, elle tue les volailles dont elle a la charge. Et lorsque le narrateur nous raconte la mort des animaux, le potentiel de violence que Solitude représente est bizarrement occulté, mis en sourdine, exactement de la même manière que lors des deux précédentes scènes entre la mulâtresse et sa mère ou sa petite maîtresse. Tout dans le passage fait de Solitude un sujet passif, inconscient, irresponsable :

> ...un beau jour, sans que sa pauvre tête y fût pour rien, ses mains coulèrent du jus de manioc frais dans l'auge des poules, qui entrèrent toutes en agonie (*La mulâtresse*, 72).

Solitude est présentée comme séparée de sa « tête » et de ses « mains ». Sujet clivé sans volonté, qui subit l'action plutôt qu'elle ne l'assume, la petite fille est implicitement soupçonnée d'être folle et classée parmi les irresponsables, celles qu'on excuse et dont on a pitié (« *sa pauvre tête* », je souligne). On dirait que le récit donne aux « mains » de Solitude une indépendance et un savoir, ou plutôt un savoir-faire, mieux encore, un vouloir-faire qui contredit la volonté d'obéissance de l'enfant. Cette liberté étrange que prennent les mains de l'esclave nous empêche de lire son geste à la lumière de nos propres schémas et définitions préconçues. Solitude ne conceptualise pas l'ennemi, encore moins le système esclavagiste, et il est difficile à ce stade de ne pas avoir l'impression que l'on fait violence au récit si on essaie de traduire son geste en termes de vengeance symbolique : bien sûr, les poules que le maître fait nourrir pour pouvoir les manger sont une partie indissociable d'un système haï, mais le récit ne pose même pas les questions que d'autres romans antillais abordent avec angoisse. Le narrateur pourrait percevoir les poules comme les victimes dérisoires et innocentes d'une volonté de rébellion. Il existe en effet une grammaire des récits de révolte ou de révolution qui ne manque pas de problématiser les rapports entre le rebelle et la victime choisie pour représenter le pouvoir à abattre. D'autre textes se préoccuperont non pas des problèmes éthiques de la révolte mais du risque encouru par les héros, et abordent par exemple le problème du choix difficile que doit faire l'esclave sommé de choisir la cause de la liberté alors que son geste confine à un suicide. Nombre de récits récents ou de textes historiques comme le texte de Fouchard, *Les marrons de la liberté*, vont ainsi exalter le courage des esclaves marrons sans minimiser le prix qu'ils payaient pour leur amour de la liberté.

Ici, rien de tel. Solitude n'a pas peur du châtiment, mais son geste n'est pas non plus un défi. Le récit fait d'ailleurs l'impasse sur les conséquences de son geste, et la découverte des poules mortes, passée sous silence, ne donne lieu ni à une scène pathétique ni à une scène d'héroïsme. Pourtant, il ne s'agit pas de pudeur de la part du narrateur qui n'a pas hésité, au début du récit, à représenter le supplice d'une jeune Bambara, mangée vivante par les fourmis, qui a hurlé longtemps sa révolte sous les yeux de Solitude. Ces scènes de torture et de rébellion, où la monstrueuse cruauté du maître est au moins aussi spectaculaire que la réaction de l'esclave, sont devenues classiques, mais le personnage de Solitude a autre chose à nous apprendre.

Un acte involontaire, subi, s'échappe de ses mains et c'est seulement après la mort des poules que la « pauvre tête » entre en action. N'en déplaise au narrateur qui insiste sur le côté involontaire et un peu pathétique de l'acte, les réflexions que l'agonie des poules occasionne chez Solitude sont de nature à nous laisser concevoir des doutes quant à la vraisemblance de sa folie. Les conclusions que Solitude tire de son geste involontaire sont un de ces moments de prise de conscience qui se reproduiront régulièrement tout au long du roman et qui finiront par définir l'identité que Solitude elle-même se sera forgée. Dans ce premier épisode, nous assistons en quelque sorte à la naissance de l'idée de révolte générique, de révolte contre... mais contre un ennemi encore assez mal localisé. Elle est cependant consciente d'avoir accompli une action qui n'est pas innocente : elle sait qu'elle doit donner un sens à ce que ses mains viennent de faire, mais plutôt que de chercher une motivation ou une justification à son acte, son premier réflexe est de se chercher un public, une communauté qui pourrait l'approuver et la soutenir. Elle voudrait en quelque sorte dédier son acte à quelqu'un, en l'occurrence au premier amour, à sa mère marronne dont elle vient d'apprendre l'abandon définitif.

> Elle se demanda comment révéler cette action glorieuse à sa mère, qui se trouvait si loin sur les hauteurs de la Soufrière ; puis elle décida que l'autre n'avait pas à le savoir, car Deux-âmes avait agi toute seule, pour elle-même, pour sa propre satisfaction et à la faveur de son plaisir (*La mulâtresse*, 72).

La complexité de la pensée de l'enfant et la rapidité avec laquelle elle théorise l'expérience de l'acte involontaire contredisent la thèse de la folle irresponsable et confirment que le savoir-faire des mains précédait ou portait en germe un savoir qui n'aurait rien de stéréotypé. En effet, l'enfant est déjà capable de se défaire de son besoin d'approbation et de public. Le « elle décida » est un moment brutal de renoncement à la vision idyllique de la mère-modèle, de la mère-complice qui pourrait comprendre et encourager la rébellion de l'esclave puisqu'elle-même a choisi de faire acte d'indépendance en se sauvant. La mère souveraine tombe de son piédestal (en l'occurrence des « hauteurs » symboliques de la résistance) et le récit se fait presque insultant au moment où la mère déchoit de son titre pour devenir « l'autre » anonyme, sans sexe, sans lien avec l'enfant. La mère qui a abandonné son enfant pour partir marronne n'est ni accusée, ni justifiée ; simplement, Solitude ne résout pas pour l'instant le problème. Comme s'il était, à ce stade, luxueux de vouloir raisonner éthiquement sur le comportement de cet « autre » qui a peut-être dû choisir entre deux solutions impossibles, l'enfant apprend à chercher en elle-même l'approbation qu'elle a eu un instant la tentation de chercher chez l'autre. Ceci est un remarquable moment de désaliénation qui signale la naissance d'une pensée plus « authentique » parce que moins dépendante d'une représentation stéréotypée de l'autre supposé connu, ici de la Mère. Solitude agit « toute seule », « pour elle-même », « pour sa propre satisfaction », pour « son plaisir ». Ce faisant, elle apprend une leçon qui me paraît essentielle : en démystifiant le rapport privilégié à la Mère-symbole de résistance, le récit jette un doute sur toutes les soi-disant complicités qui viendraient d'une expérience supposée partagée. Solitude découvre que la Mère imaginaire idéale ne se confond pas avec la mère-« autre » qui, comme tout individu, conserve le mystère de son altérité et ne peut donc pas constituer, *a priori*, une complice, une amie (ou même une ennemie). Pour le personnage, cette leçon pénible est une révélation cruciale et libératrice, et pour moi, cet épisode est un modèle qui met en abîme mon activité de lecture face à la littérature antillaise et tout récit qui se déroule dans un contexte marqué par la colonisation.

Conclusion

Les pouvoirs de la métamorphose

La vigilance que Solitude exerce à l'égard du « réel » qui l'entoure peut se proposer comme modèle d'interprétation et nous faire surveiller nos propres tentations d'alliance et d'appartenance. La vision manichéenne du colonialisme telle que la dénonce Fanon empoisonne en effet souvent la grammaire de la représentation ainsi que la grille d'interprétation que nous apposons aux textes. Bien que nous soyons conscients des dégâts occasionnés par un système qui enferme chacun de leur côté le (post-)colonisateur et le (post-)colonisé, notre lecture des textes est elle-même souvent contaminée par la certitude que nous connaissons à l'avance les « bons » et les « mauvais ». La distinction entre les « bons » et les « mauvais » nous paraît désormais simpliste et bornée s'il s'agit de genres traditionnellement codifiés comme le western et le roman policier par exemple. Dans ce cas, la critique littéraire a tendance à vouloir dénoncer les mythes sur lesquels repose ce genre de polarisations. Mais la littérature antillaise récente soulève dans ce cas des problèmes spécifiques : devant des récits qui représentent le passé des esclaves, il est difficile d'arborer le même détachement blasé que devant l'arrivée inéluctable de la cavalerie américaine à la fin d'un film qui opposent les mauvais Indiens aux bons soldats. Peut-être que notre activité de lecture, indissociable de nos prises de positions politiques et idéologiques, ne peut pas se permettre un détachement théorique qui nous donnerait envie de décoder la structure des récits sans se prendre au jeu d'une interprétation préalable. Peut-on vraiment aborder un roman antillais sans être intimement convaincu, quelle que soit l'intrigue, que le maître ou toutes les figures qui lui ressemblent sont uniques ? Si un texte antillais vantait les mérites du maître (non pas relativement, car les exemples de « bons » c'est-à-dire de « moins mauvais » maîtres sont effectivement envisageables) mais dans l'absolu (ce qui reviendrait presque inévitablement à prêcher une position politique intenable), nous serions en présence d'un véritable scandale, d'une impossibilité pratique. La différence entre le Bien et le Mal, dans la littérature qui ressuscite un passé soigneusement passé sous silence, est forcément une problématique pertinente, mais d'une certaine manière, notre conviction préalable, notre certitude de savoir discerner les mauvais maîtres des bons esclaves avant d'avoir lu une histoire, nous prive d'une marge de manœuvre intellectuelle : nos préjugés ne rendent pas hommage à la littérature antillaise puisque nous présupposons que tout récit va être idéologiquement prévisible, ils nous dispensent de l'effort de jugement personnel nécessaire à l'élaboration de notre propre éthique de lecteurs et de lectrices et surtout, ils nous privent d'une certaine liberté d'interprétation puisque parfois, nous mélangeons le « réel » et les personnages alors que dans un autre contexte, ce genre d'amalgame nous paraîtrait naïf et théoriquement inutile. Nous finissons par nous imposer inconsciemment une lecture allégorique de personnages et de situations ce qui réduit terriblement la valeur de ce que le texte pourrait nous apprendre. Si nous lisons sans vigilance, à notre insu, une catégorie « littérature antillaise » se créant, non pas à la façon d'un canon (certains textes ont en commun certains traits caractéristiques que je décide de regrouper) mais en fonction de nos propres présuppositions. Je suggère donc, à l'issue des différentes lectures que j'ai proposées ici, que la littérature antillaise est ce qui met en défaut des habitudes de lecture bien rodées qui consistent, d'abord à séparer « réel » et texte, et ensuite à surveiller d'un œil critique tous les procédés qui tendent à glorifier un groupe de « bons ». Je me méfie des « bons » yankees parce que je soupçonne un pouvoir de vouloir m'endoctriner, alors que je tiens à recevoir la représentation des malheurs des « bons » esclaves comme une vérité enfin révélée. Je sais cependant que mon système souffre d'une faille et que la « littérature antillaise » ne gagne pas à être définie par cette approche.

Pourtant, je ne veux me dédire de peur de n'avoir le choix qu'entre le cynisme politique et la naïveté théorique : alors à tout prendre, ainsi soit-il, les Maîtres auront toujours tort. A ce dilemme décevant, le personnage de Solitude oppose une attitude remarquablement vivante, ouverte, un message très neuf. Elle nous fait découvrir qu'il ne faut pas se réclamer d'une communauté pré-existante malgré la tentation de se faire approuver et aider. Elle nous invite à partager sa méfiance, à user de *mètis* au cours de nos lectures.

Cette petite mulâtresse apporte à l'exécution de son premier acte (le « meurtre » des poules) un passé extrêmement lourd de conséquences : elle est celle que tous ont trahie, que tous ont abandonnée. Si bien qu'elle n'a de compte à rendre à personne, à aucun individu, à aucune famille, à aucune idéologie. Cette effrayante liberté la rend quasiment incapable de se situer socialement parmi les autres esclaves et explique l'évolution de sa pensée qui ne ressemble à aucune doctrine. Solitude ne doit rien à sa mère. Le lien qui la relie à « l'autre » n'est plus de nature à légitimer son acte. Pourtant, Solitude n'est pas amenée à renier son désir de meurtre, qu'elle est tout à fait capable d'interpréter comme une révolte contre l'ensemble des autres, l'ensemble de l'humanité :

> Elle attendit une prochaine occasion de faire le mal, plus savoureuse encore, atteignant les humains, qu'ils soient noirs, jaunes ou blancs qu'importe... (*La mulâtresse*, 72).

La scène est un moment de prise de conscience du *pouvoir* du Mal et l'acceptation sans réserve du *plaisir* de la transgression et du potentiel stratégique de l'acte. En même temps, elle découvre une possibilité de rébellion totalement libérée du besoin d'un public, d'un dédicataire, et ce faisant, elle se dégage à jamais de contradictions impossibles à résoudre : plus jamais elle n'aura à s'inquiéter de réconcilier les valeurs des « Blancs » avec celles des « Noirs » ou de n'importe quel « autre ». A ce stade du récit, l'ennemi pour Solitude est la race humaine tout entière envisagée comme une assemblée multicolore et diverse sans qu'aucun groupe ne soit racheté par sa couleur. Le texte n'envisage même pas de dialectique qui ferait du « jaune », du mulâtre, la communauté martyre et malheureuse dont Deux-âmes se sentirait solidaire en raison de sa propre couleur de peau.

Même à la fin du roman, lorsque Deux-âmes sera devenue Solitude, personnage historique, héroïne de la résistance contre les troupes de Richepance, on aura toujours l'impression qu'elle garde cette distance vis-à-vis de groupes constitués autour d'une race, ou même d'une cause. Elle n'accepte pas de se laisser guider par une doctrine ou une philosophie qui justifierait ses actes par tout un système cohérent.

Sanga, le chef des marrons reste prisonnier de ce désir mimétique de vérité révélée, de bible. Le récit nous apprend qu'il « devait son prestige à un livre qu'il montrait aux paysans et dans lequel, disait-il, il y avait toute la doctrine à connaître » (*La mulâtresse*, 91). Son désir d'asseoir son pouvoir sur le livre que son peuple illettré ne pourra de toute façon pas interpréter, fait de lui un dirigeant soucieux de prestige, d'image de marque. Comme le roi Christophe, Sanga tâtonne parmi les modèles d'autorité qui sont des parodies de pouvoir absolu. Mais le récit ne se laisse pas impressionner par ce livre-doctrine, ce livre-révélation qui symbolise le lien entre le savoir livresque de l'Occidental et le pouvoir et dénonce la fraude pathétique : le livre était en fait une copie des *Rêveries du promeneur solitaire* et « C'était là une pauvre ruse de chef noir, désireux de s'assurer tous les enchantements des maîtres » (*La mulâtresse*, 91). Apparemment, le contenu du livre n'a aucune importance si ce n'est pour souligner ironiquement que Sanga ne se réclame pas de l'autorité du philosophe du *Contrat social*, mais de l'autorité abstraite que lui-même confère à tout livre en tant qu'objet fétichisé. Le titre du livre, que le chef occulte pour que l'ouvrage ne soit pas un texte parmi d'autres, un texte dont on pourrait contester le choix, fait de lui un portrait négatif : ce que Sanga présente comme une doctrine ne sont en fait que des « rêveries », soupçonnées d'idéalisme puéril, et la figure préromantique du « promeneur solitaire » souligne cruellement la

distance qui sépare Sanga de l'image qu'il a de lui-même :
celle d'un leader solidaire de son peuple.

Au contraire, Solitude est sans cesse hantée par le soupçon qu'elle risque à tout moment d'être contaminée par la
pensée blanche dont elle connaît le pouvoir, et elle se méfie
systématiquement de tout ce qui passe par la conscience, par
l'intellect, par la raison. Solitude sait que même sa pensée,
ses désirs peuvent être manipulés, peut-être ne lui appartiennent-
ils plus. Ses mains, séparées de sa tête ont peut-être gardé
une efficacité inexplicable que sa tête, aliénée par le système
esclavagiste n'a plus. Consciente du danger,

> ...elle s'interrogeait, se demandait si ce n'était pas là une pen-
> sée blanche, et si tout au contraire elle ne se trouvait pas
> à l'intérieur du rêve des hommes blancs, comme tous ces pau-
> vres nègres en uniforme dont la tête était pleine des larves
> pondues par les Blancs (*La mulâtresse*, 117).

Son héroïsme, tout à fait indéniable, garde donc toujours
une parenté avec le premier geste non prémédité, difficile à
comprendre, difficile à interpréter mais qui était, de façon tout
à fait évidente, un acte de résistance. Comme si Solitude refusait jusqu'au bout de se définir définitivement par rapport à
des alliances figées, elle semble laisser ses mains agir pour
elle. Cette apparente non-intervention de la tête pensante, ce
court-circuit de l'intelligence est peut-être le seul recours d'une
intelligence qui se sait trahie de l'intérieur, parasitée par les
larves de la pensée coloniale. Il n'y a pas abstention, ou neutralité (bien au contraire puisque les actes ainsi commis sont
extrêmement graves et compromettants), il y a lutte, résistance y compris contre la partie de soi-même dont on n'exclut
pas qu'elle puisse trahir.

> Solitude se jetait au-devant des chiens, des hommes, des
> fusils, suivie par la négresse Toupie, la négresse Médélices
> et les trois autres humbles qui avaient toujours obéi. Quand
> tout était fini, elle *découvrait avec étonnement* son sabre lui-
> sant jusqu'à la garde, ses mains, ses bras teints de sang, et
> les grands yeux éblouis de ses compagnons. Alors elle pleu-

rait doucement, *sans comprendre* (*La mulâtresse*, 112, je souligne).

A la fois présents et absents du combat, les bras de Solitude luttent sans que le personnage perde de son humanité. Elle ne recule pas devant la violence mais la compassion a remplacé la jouissance qu'elle éprouvait lorsqu'elle se vengeait de sa mère, et à bien des égards, sa résistance est idéale.

Cette extrême liberté de pensée va porter ses fruits dans le domaine des tactiques que Solitude peut choisir. Mais de nouveau, le texte nous met en présence de formes d'opposition ambiguës qui semblent cautionner la soumission et l'acceptation de l'image que le Blanc veut imposer au Noir. Pourtant, la souplesse d'esprit de Solitude réinterprète et réhabilite toutes les tactiques qui se situent du côté de la polymorphie, de la polyvalence, et bien sûr de la *métamorphose*. Je cite de nouveau le texte de Détienne et Vernant :

> La victoire sur une réalité ondoyante, que ses métamorphoses continues rendent insaisissable, ne peut être obtenue que par un surcroît de mobilité, une puissance encore plus grande de transformation (Détienne, 26).

Comme les personnages du folklore antillais, les dieux grecs sont capables de se métamorphoser en animaux, ce qui les rend pratiquement invulnérables et insaisissables. Puisque c'est dans le règne animal que les chasseurs trouvent les modèles de retournement, de ruse, d'adaptation dont ils se servent eux-mêmes, il n'est pas surprenant que le passage de l'homme à l'animal soit souvent considéré comme une tactique redoutablement efficace. La métamorphose est au fond la transgression au sens propre du terme, le passage des frontières, la traversée des barrières.

La présence de la métamorphose dans un récit réaliste est une invitation à la lecture-*mètis* puisque nous nous trouvons confrontés, à l'intérieur des limites narratives connues, à un élément qui appartient d'habitude à un autre code, celui du fantastique ou du merveilleux. La littérature antillaise pourrait ainsi se signaler par une invitation toujours équivoque à lire d'une certaine manière : si les textes de la littérature antillaise, comme le personnage de Solitude, résistent « sans comprendre », ils gagneront à être abordés dans un état d'esprit qui met les lecteurs ou les lectrices en possession de la *mètis* dont eux-même font preuve.

Dans les romans, le personnage à *mètis* tenté par les ressources de la polymorphie et de la métamorphose va pourtant se trouver confronté à l'idéologie dominante qui va faire de son mieux pour discréditer sa souplesse et son pouvoir protéiforme. Dans le contexte antillais, le thème de la métamorphose de l'homme en animal est relativement courant, mais la *mètis* qui se manifeste par ce type de polymorphie ne va pas manquer d'être suspecte : d'abord, l'idée même de métamorphose se heurte à la Raison de l'Occident colonisateur, qui oublie sa propre histoire littéraire et relègue ce genre de récits au domaine du folklore, des contes de fées, de la mythologie c'est-à-dire à un domaine dont le « réel » est exlu et qui demeure le règne de l'ignorance superstitieuse ou de l'enfance. Qui joue des ressources de la métamorphose s'infantilise (et l'on connaît la persistance du mythe du Noir-enfant).

Imaginons par exemple un récit de type réaliste où un esclave se transforme en chien pour échapper à ses poursuivants. L'épisode serait perçu comme une incohérence au niveau du genre et totalement ignoré en tant que solution politique. De plus, le fait que les maîtres traitent littéralement les esclaves comme leurs animaux et s'acharnent à les priver d'une « humanité » qui rendrait leur condition injustifiable rend très délicate l'association entre l'esclave et le chien : se transformer en chien, n'est-ce pas de nouveau entériner la vision des maîtres, reconnaître que l'esclave est bestial, sans « âme » ? La contradiction ressemble à celle que doit résoudre le faible accusé par le fort d'avoir recours à des armes déloyales, des armes de « lâche ». La métamorphose est donc à la fois tentante et effrayante, vaguement perçue comme une voie de salut mais aussi interprétée comme une activité défendue, probablement « mauvaise ». Solitude n'échappe pas à cette ambivalence, car elle est tiraillée entre son désir d'être autre et les réflexes idéologiques qu'elle a acquis au contact des habitants de la Grande Case.

> Cependant, elle craignait maintenant de devenir *autre*, elle
> le craignait et le désirait... mais surtout elle le craignait atro-
> cement : quelque chose de terrifiant, un chien par exemple,
> comme on dit que certaines personnes mauvaises *tournent* (*La
> mulâtresse*, 73).

Jusqu'ici, le narrateur tient compte des objections de l'autre,
de l'idéologie du maître pour expliquer la réticence de Solitude : pour elle, la métamorphose en chien est liée à ce désir
de s'affranchir de l'image d'elle-même qu'on lui impose, d'être
« autre » mais en même temps, elle a intériorisé la répression qui s'exerce à l'encontre de ceux qui s'échappent. De
même qu'une certaine mythologie populaire a fait du nègre
marron un croquemitaine qui sert désormais à effrayer les
enfants, « on » dit, dans l'entourage de Solitude que « certaines personnes mauvaises » se transforment en chien. Mais la
grande habileté de ce récit est de formuler immédiatement
l'autre contradiction dans laquelle l'esclave est enfermé : d'un
côté, il est interdit de se transformer volontairement en chien
(seules « certaines personnes mauvaises » osent « tourner »),
mais par ailleurs, le maître lui-même traite littéralement
l'esclave comme un chien. Alors que Solitude commence à
envisager les problèmes terrifiants que lui poserait une identité floue, capable de transcender les frontières de l'humain
et de l'animal, sa mémoire, son pouvoir de lier un événement à un autre l'oblige à constater que, jusqu'ici, c'est elle
qui recule devant un choix (deviendrai-je un chien, resterai-
je humaine ?), alors qu'en réalité, l'esclavage la menace déjà
de la transformer malgré elle en animal enchaîné.

> Et la petite fille se demanda ce qu'elle préférait : si c'était
> de tourner en chien à forme de chien, ou bien en chien à
> apparence humaine, tel ce nègre efflanqué, tout en os qu'elle
> avait vu avec Mlle Xavière, le jour de la visite aux voisins
> du Bas-Carbet ; ce vieux nègre tout nu dans sa niche, les yeux
> clos, un collier de fer autour du cou (*La mulâtresse*, 73).

Les réflexions de Solitude ont l'avantage d'interpréter
l'aventure apparemment désespérante du « nègre » réduit à
l'état de chien en termes de résistance possible : en soulignant

qu'il y a une parenté entre le « chien à forme de chien » et le « chien à apparence humaine », l'apparente naïveté du regard de l'enfant, qui accepte la description d'un destin humiliant et cruel, propose une image de l'esclave que nulle idéologie hypocrite ne peut plus revendiquer : désormais, nul ne peut prétendre que l'esclave ne mène pas une vie de chien. Mais par ailleurs, Solitude suggère la possibilité d'une surenchère libératrice (plutôt que de rester homme traité littéralement comme un chien, il se peut qu'elle devienne un chien que l'on ne pourrait plus maltraiter comme un homme).

La question de la métamorphose comme stratégie politique et littéraire serait d'ailleurs à étudier de près car les réflexions que le narrateur prête à Solitude ne font pas figure d'exception : la même problématique se retrouve dans *Pluie et vent sur Télumée Miracle*. Dans ce roman, Télumée fait preuve de la même ambivalence vis-à-vis du pouvoir fascinant de métamorphose et repose le douloureux problème de formes de résistance adaptées à une situation désespérée. Télumée, obligée de travailler à la récolte de la canne, se sent elle aussi petit à petit transformée en « bête des champs » (*La mulâtresse*, 47). Le fait que le roman soit situé plus tard dans l'histoire, après l'abolition de l'esclavage, n'a rien changé au travail avilissant des coupeurs. Télumée est consciente que cette corvée lui ôte son humanité et la transforme en animal :

> ...le soir, quand je rentrais au morne la Folie, la toile à sac autour du ventre, les mains et le visage fendus, [...] je songeais alors qu'à rouler ainsi dans les cannes *je me changerais en bête* et la mère des hommes elle-même ne me reconnaîtrait plus (*Pluie et vent*, 200, je souligne).

Et face à la crainte de se transformer sous l'effet de la violence de l'autre, le récit oppose aussi un genre de surenchère poétique et politique : dans *Pluie et vent sur Télumée Miracle*, un personnage, Man Cia, détient le savoir et les pouvoirs traditionnels de ces femmes noires que l'on a appelées sorcières, et elle maîtrise, entre autres, le secret des métamorphoses. Man Cia, épuisée par la vie qu'elle mène, finit par profiter de son savoir pour se transformer en chien, suggérant implicitement que son sort en sera amélioré. Avant de « tourner », elle avait prévenu Télumée :

> Télumée, dit-elle, ne te frappe pas, ne vas pas tomber en saisissement si au lieu de me trouver en chrétien, tu me trouves en chien... [...] c'est seulement que je suis lasse, vois-tu, lasse avec mes deux pieds et mes deux mains... alors j'aime encore mieux aller en chien, carrément... (*Pluie et vent*, 91).

Et le lendemain, Télumée trouvera effectivement devant chez elle un « grand chien noir », aux yeux « marron, d'une transparence spéciale, qui [la] fixaient avec droiture, sans sourciller, comme faisaient ceux de Man Cia » (*Pluie et vent*, 191). Il faut remarquer que Télumée, qui a accepté que Man Cia l'initie à tous les secrets des plantes, à tous ceux du corps, recule devant l'art des métamorphoses comme s'il y avait là un tabou trop puissant. Comme Solitude, elle hésite à aller jusqu'au bout d'une forme de pensée qui, potentiellement, peut aboutir à l'informe, au chaos. Historiquement, on peut rapprocher cette peur-tentation (qui fait du chaos, de l'apocalypse un moment à la fois terrifiant et désiré), des catastrophes naturelles qui sont devenues le symbole, le modèle de la révolte antillaise. Le recul de Télumée devant la métamorphose peut correspondre à une peur de souhaiter consciemment la dissolution des frontières, comme on se refuserait par exemple à espérer l'explosion de la montagne Pelée.

> ...chaque fois qu'elle était sur le point de me dévoiler le secret des métamorphoses, quelque chose me retenait, m'empêchait de troquer ma forme de bête à deux seins contre celle de bête ou de soucougnant volant, et nous en restions là (*Pluie et vent*, 190).

Son désir de ne pas franchir ce cap est peut-être une façon de ne pas choisir la folie (au sens de séparation définitive d'avec un certain réel, même si ce réel est en général catastrophique). Car chez Solitude, le passage entre le chien et la femme devient très vite un va-et-vient incontrôlable, qui lui garantit certes une marge de manœuvre et une liberté littéralement extraordinaire, mais comporte aussi son capital de peur, d'isolement et de souffrance. Vers la fin du roman, Solitude oscille entre l'identité humaine et l'identité animale, entre le rêve et la réalité, et le récit n'indique plus vraiment clairement si ce « flottement » est une victoire, une libération ou une tragédie.

> Quand la nuit tombait sur tout cela, elle se retrouvait comme autrefois en chienne jaune dans les rues de Pointe-à-Pitre, courant nue à quatre pattes, une langue démesurée traînant devant elle jusqu'à terre. Et chaque fois, à son réveil, elle connaissait une sorte de flottement : était-elle Solitude qui venait de se rêver en chienne jaune ou bien était-elle une chienne qui se rêvait présentement en femme, en une certaine personne humaine dite Solitude ? (*La mulâtresse*, 104).

Face à la violence qui se déchaîne autour d'elle pendant les journées de révolte, face au soldat blanc qui éclate de rire chaque fois qu'il tire sur les marrons, face au spectacle des esclaves qui cherchent à échapper à la folie meurtrière des Blancs, ce flottement devient nausée, comme si la faculté de changer d'identité était le signe par excellence du malaise qui préside à la mise en relation des Blancs et des Noirs : « Comme elle considérait la scène, Solitude se sentit à nouveau flotter, de façon écœurante, entre chien et femme, jusqu'au bout de ses longs doigts incertains » (*Pluie et vent*, 105). La présence de l'animal en elle n'est pas seulement un refuge contre la cruauté de son sort. L'animal a un pouvoir et un savoir particulier que Solitude met à la disposition des autres esclaves. C'est son savoir de « chienne jaune » qui sauve ses amis traqués par les Blancs :

> ...dans le temps qu'elle vivait en chienne, Solitude avait appris nombre de trous à renards, de grottes à chauves-souris. *Sans le vouloir, sans même le savoir* dit-on, elle conduisit le groupe désemparé qui s'amenuisait de jour en jour (*La mulâtresse*, 110, je souligne).

Chez Solitude, la métamorphose incessante de la femme en chien et du chien en femme devient donc un va-et-vient pénible mais en définitive salutaire, « écœurant » mais efficace en ce qu'il finit par brouiller irrémédiablement tous les repères qui fondent le système binaire, socle de l'oppression. En filigrane, les deux récits de Télumée et de Solitude reposent sur un cliché banalisé, une expression figée dont le sens s'est amenuisé : « mener une vie de chien ». En nous présentant un esclave attaché par un collier à une niche, ou Man Cia qui menace de se simplifier la vie en se transformant en chien (et qui met effectivement sa menace à exécution), en nous racontant les rêves de Solitude dont les aboiements dérangent les maîtres, en nous présentant une héroïne désormais semblable aux dogues que les Blancs lançaient précisément contre elle, les textes nous forcent à revoir notre rapport à la langue, à la « réalité », à nous méfier des métaphores et à les réinterpréter : les deux héroïnes à *mètis* jouent avec les frontières du littéral et du figuré, dénoncent le scandale qui consiste à métaphoriser la violence, poétise une forme de résistance qui introduit le magique au sein du sordide, forcent le lecteur ou la lectrice à jongler avec des catégories narratives en général distinctes (réalisme, fantastique, poésie...). Elles nous proposent de devenir, en tant que lecteurs, des adeptes de la *mètis*[1].

Le « métissage » tel qu'il se découvre dans *La mulâtresse Solitude* n'est donc pas simplement une autre tactique d'opposition. C'est une dynamique génératrice de textes où se règlent de façon indépendante les questions abordées dans les cinq

---

1. Sur la valeur du métissage comme activité de lecture et comme « praxis », voir l'introduction de l'ouvrage de Françoise Lionnet (1-29) : « [...] *métissage* is a praxis and cannot be subsumed under a fully elaborated theoretical system. *Métissage* is a form of *bricolage*, in the sense used by Claude Lévi-Strauss [...]. Above all, it is a reading practice that allows me to bring out the interreferential nature of a particular set of texts, which I believe to be of fundamental importance for the understanding of many postcolonial cultures » (Lionnet, 8) [le *métissage* est une praxis dont aucun système théorique articulé ne peut entièrement rendre compte. Le *métissage* est une forme de *bricolage* au sens où l'entend Claude Lévi-Strauss [...] c'est une forme de lecture qui me permet de faire ressortir, au sein d'un ensemble de textes particuliers, le caractère interréférentiel qui me paraît absolument indispensable à la compréhension de nombreuses cultures marquées par la colonisation]. Voir aussi la fin du chapitre sur l'autobiographie de Maya Angelou (*I Know Why the Caged Bird Sings*), où Lionnet rapproche Détienne et Vernant de *L'invention du Quotidien* de Michel de Certeau et de *Comment s'en sortir* de Sarah Kofman.

premiers chapitres de cette étude. La *mètis* de Solitude répond à la fois au désir de liberté et de dignité du Rebelle césairien mais aussi aux aspirations de la Mère et de l'Amante. Elle explique certains des choix des héroïnes de *Pluie et vent sur Télumée Miracle* et propose une nouvelle définition de ce qui pourrait être une « assimilation » réussie. Bizarrement, le métissage renonce aux séductions de l'exil sans pour autant fabriquer un mythe nationaliste d'un pays natal parce qu'il se méfie avant tout de la frontière. La *mètis* permet à la littérature « antillaise » de décider de quel rapport avec « les Antilles » elle entend être responsable, elle autorise une interrogation ininterrompue sur l'identité, c'est-à-dire sur la nature des liens qui unissent entre eux les textes, les discours, les langues et les idéologies sur lesquels s'appuient les pouvoirs.

Seule cette méfiance vis-à-vis des frontières traditionnelles de l'identité permet à Solitude de décider elle-même de la nature des liens qui l'uniront à la communauté qu'elle choisit : lorsqu'elle rejoint le camp des rebelles et que tout nous pousse à croire qu'elle a enfin trouvé les siens, ce lien d'appartenance n'est toujours pas évident, ni surtout naturel.

> Quand toutes paroles étaient dites, elle refermait gravement la bouche et se promenait parmi les marrons, attentive à bien refléter les visages, l'intonation la plus exacte d'une voix, telle posture émouvante d'un corps vivant sur la terre des hommes. A force de s'en pénétrer, certains gestes congo entraient en elle et devenaient siens, elle les imitait, les reproduisait avec une élégance née, une sorte de désinvolture qui était peut-être l'effet d'habitudes anciennes, de ces millions de regards posés sur une certaine personne, dans une certaine case de l'Habitation du Parc, autrefois (*La mulâtresse*, 101).

La description nous montre ici Solitude en train de façonner le lien qu'elle désire avoir avec les « Nègres congo » de la montagne. On pourrait s'étonner de voir le narrateur suggérer que la tactique choisie ici soit le *mimétisme*, l'imitation, vu la mauvaise réputation que ces deux mots ont fini par acquérir dans le contexte de la littérature antillaise. Le mimétisme est la bête noire de tous ceux qui reprochent aux

Antillais de se vouloir « Français », le mimétisme est l'ennemi sournois dénoncé par les théoriciens.

Comme le mot « mulâtre », le mimétisme est toujours suspect et les deux concepts sont infailliblement liés à l'idée de trahison. La métaphore du « blanchissement », indissociable des textes qui traitent de l'aliénation, illustre le problématique rapprochement que nous établissons entre métissage et mimétisme. On se rappelle les textes virulents de *Légitime Défense* contre « la bourgeoisie de couleur française, qui est une des choses les plus tristes du monde » (2), les accusations de Césaire qui confie à Lilyan Kesteloot « j'étouffais littéralement parmi ces Noirs qui se sentaient blancs »[2] et qui n'a pas de mots assez durs pour vilipender ce qu'il appelle « l'esprit mulâtre » devenu synonyme de compromission. Pour Maryse Condé, « le fait essentiel, après l'abolition de l'esclavage, est la montée des mulâtres dont la loi ne limite plus les ambitions et qui dans cette société du mimétisme sont, sans contredit, les mimes les plus élaborés » (*La civilisation du Bossale*, 50). Même Édouard Glissant, dans le *Discours antillais*, semble faire du mulâtre un être irrémédiablement lié à une caste bien déterminée, et lui aussi perçoit, après 1848, « la formation progressive d'une classe de mulâtres, noyau de la "petite bourgeoisie", *vouée* par "fonction historique" à *trahir* la masse du peuple, tout en prétendant (sincèrement parfois) lutter pour lui » (*Discours antillais*, 107, je souligne). On sait par ailleurs que pour Glissant, « la pulsion mimétique est la violence la plus extrême que l'on puisse imposer à un peuple » (*Discours antillais*, 63). *A priori*, les discours qui résistent contre le maintien du statu quo post-colonialiste ont le mimétisme en horreur. Le mot « mimétisme » est presque devenu un cliché qui englobe pêle-mêle les problèmes posés par l'imitation, par le choix de ce qui est imité, et par la différence entre les sujets qui imitent et ceux qui sont imités. Il est toujours interprété comme un désir suspect de vouloir être comme l'autre, de vouloir appartenir à l'autre groupe, de vouloir passer à l'ennemi. Il est perçu comme une façon

---

de pactiser avec le système en vue de s'accommoder de la situation qui ôte tout pouvoir à un individu.

L'ironie de la situation décrite par le narrateur de *La mulâtresse Solitude* n'est donc pas négligeable ni dénuée de sens puisque le récit nous met en présence de la situation apparemment prévisible où la « mulâtresse » cherche les meilleurs moyens d'imiter les attitudes de son groupe. Mais la situation de Solitude est évidemment exceptionnelle puisqu'elle utilise ses dons d'observation et d'imitation pour se rapprocher de l'identité africaine qu'elle se propose librement comme modèle. Dans son cas, la tentation du mimétisme si violemment critiquée change de sens. Premièrement, Solitude, isolée de toute communauté *choisit* de ressembler aux marrons de la montagne ; deuxièmement, la ressemblance n'est plus systématiquement dans le sens noir-blanc, ce qui donne à sa décision un intérêt politique particulier. De nouveau, nous sommes en présence d'une stratégie de résistance locale, qui, apparemment, n'a rien de révolutionnaire, et a au contraire été dénoncée comme l'un des éléments qui perpétuent la domination coloniale.

Cette scène repose ainsi de façon nouvelle et intéressante la question d'appartenance : elle en fait une question de *travail* individuel qui comporte des impossibilités et des *limites* souhaitables. Solitude parvient à une identification en étant « attentive », en s'appliquant à « bien » refléter, à trouver l'intonation « la plus exacte » et c'est « à force de s'en pénétrer » que « certains gestes congo entraient en elle et devenaient siens ». Les métaphores composites qui traduisent cet apprentissage de l'appartenance font appel au registre du miroir (refléter les visages), à celui de la fusion et de la pénétration et donnent l'impression qu'elle imite au hasard les voix, les visages, les postures. L'image d'ensemble n'est donc pas cohérente du début à l'autre de la description ce qui semble privilégier une impression de tâtonnements, de travail empirique, d'approximations successives. Le narrateur ne dit jamais par exemple qu'elle retrouve ses racines africaines, et même lorsque le récit propose avec hésitation une allusion à une origine qui expliquerait « une élégance née, une sorte de désinvolture qui était *peut-être* l'effet d'habitudes anciennes » (je souligne), le texte ne remonte pas au-delà de la plantation où Solitude est née, comme si l'origine ne pouvait être qu'individuelle et non pas historique, collective et inconsciente.

Malgré l'admiration évidente que le personnage (ou le narrateur) ressent à l'égard des « négresses congo », l'Afrique n'est pas la source homogène et mythique où Solitude peut retrouver un « moi » perdu. Elle se conçoit comme un miroir de son environnement immédiat et un miroir qui apprend à refléter la diversité des détails de ce qui l'entoure. Refusant ainsi tout principe d'héritage biologique, Solitude nous propose une définition de l'appartenance basée sur l'influence du milieu, mais le fait que seul son propre choix l'ait amenée parmi les marrons corrige ce qu'une telle théorie aurait, elle aussi, de déterministe.

Si bien que son mimétisme est bénéfique précisément dans la mesure où il atteint des limites qui préservent la liberté de Solitude : le personnage se distingue de la « bourgeoisie de couleur » non seulement par le choix de ce qu'elle imite, mais aussi par la façon dont elle imite ses modèles. Jamais elle ne cherche à se fondre dans une masse indifférenciée et ceci pour trois raisons bien précises.

Tout d'abord parce qu'elle reste vigilante (elle était « attentive... » même dans son mimétisme : il n'y a pas d'imitation inconsciente). Ensuite, parce qu'en dépit de son énorme disponibilité, elle n'est pas une « cire vierge » sur laquelle tout peut indifféremment s'imprimer. Son imitation élégante des « négresses congo » n'est pas un retour aux sources puisque certains éléments lui demeurent étrangers, inappropriables : par exemple, « ...en dépit de ses efforts, les danses d'Afrique lui demeuraient étrangères... » (*La mulâtresse*, 101) et lorsqu'elle essayait d'imiter la démarche des Africaines, « elle surprenait l'éclat narquois d'un sourire » (*La mulâtresse*, 101). Il y a donc des limites individuelles à la possibilité de former une communauté homogène même en choisissant inconditionnellement un lien d'appartenance et d'alliance basé sur la ressemblance. Enfin, le groupe lui-même, modèle élu, n'est pas homogène lui non plus.

> Et puis les négresses étaient trop nombreuses et chacune avait sa démarche, ses propres entrechats, ses manières bien

à elle de prononcer les phrases d'eau salée. Certaines étaient petites et noires, d'autres avaient le visage plein de taches de rousseur, d'autres encore étaient longues et lisses et rouges comme des arbres dont on a enlevé l'écorce. Elles riaient, se moquaient volontiers les unes des autres, semblaient croire en leur éminence selon qu'elles se disaient Ibo, Mine, Bénin, Fanti, Nganguélé, venues des royaumes du Mossi, du Bornou, habitantes des plaines, des savanes et des lacs, ou bien nées sur une de ces nombreuses îles vertes qui se tiennent on ne sait comment au milieu de la grande île à Congo, ainsi que des yeux d'enfants à l'intérieur d'un regard de grande personne (*La mulâtresse*, 101).

Contrairement au mimétisme d'un individu qui essaie de *passer* pour un élément de la classe identifiée comme dominante et adopte donc ses manières, son langage, ses valeurs, ses définitions, le mimétisme de Solitude sert au contraire à mettre à jour l'ineffable diversité qui subsiste au sein du groupe des nègres marrons. La communauté rapprochée par la lutte contre l'ennemi commun, n'en est pas pour autant un bloc totalisant d'où sont absents conflits, dissensions et différences.

Catégorie mentale plutôt que concept, la *mètis* des personnages que nous avons suivis jusqu'ici leur permet de ne pas faire du monde l'éternelle confrontation entre le Maître et l'Esclave, à jamais figés dans leurs rôles de bourreau et de victime, à jamais empêtrés dans la dialectique hégélienne qui ne souffre pas de fin, simplement des substitutions de rôles. La vigilance (flottante) de l'héroïne, sa détermination (résignée), son cynisme (tendre) lui permettent d'éviter les dangers du mimétisme tout en étant capable d'utiliser le mimétisme lui-même comme tactique lorsqu'il s'agit de parer à un danger plus immédiat.

En proposant une vision du métissage liée à une forme d'opposition efficace quoique tragique, le texte d'André Schwarz-Bart apporte une contribution originale et un modèle possible à la littérature antillaise. Le roman dans son ensemble évite prudemment d'entériner la vision du métissage comme une catastrophe idéologique, économique ou religieuse. Mais il ne fait pas non plus l'apologie inconditionnelle de l'enfant mulâtre, qui, dans une perspective optimiste pourrait représenter la mise en relation de ceux et celles qui n'ont pas le droit de se rapprocher, c'est-à-dire la preuve subversive d'une volonté de transgression. Ce texte ne réconcilie pas non plus deux « races » qui, de toutes façons, dans le cas du mulâtre, semblent d'accord pour rejeter le produit de leur rapprochement.

La littérature antillaise, comme le mulâtre, est entourée de représentations stéréotypées : l'on s'attend toujours à ce qu'il ou elle soit tour à tour un traître, un bâtard, la preuve d'une mésalliance historique entre le Noir et le Blanc, l'oppresseur et sa victime. Le préjugé contre ce que le métis représente est sans doute l'opinion la mieux partagée parmi les défenseurs d'idéologies contraires : d'un côté, le corps du mulâtre a souvent servi de modèle analogique négatif aux auteurs antillais qui déploraient que le pays natal soit tenté par le mimétisme ou envahi par la pensée blanche. Les auteurs engagés dans la résistance ont fait du mulâtre le symbole même de la trahison. Césaire voyait tout Antillais comme un bâtard de l'Europe et de l'Afrique qu'il imaginait dans *Et les chiens se taisaient* comme une femme violée (« L'Afrique s'ouvre fracassée à une rigole de vermines / à l'envahissement stérile des spermatozoïdes du viol » [*Et les chiens*, 39]). Le métissage a longtemps été le lieu de la perte de la race noire. Il est encore largement perçu comme le moyen de « sauver » cette race, autant dire qu'il cristallise encore le rapport pathologique entre deux communautés qui se perçoivent comme irrémédiablement différentes : « Nombre de négresses d'eau douce se faisaient faire des enfants *chapés* qui échapperaient à la couleur, à la vieille malédiction noire » (*La mulâtresse*, 83), nous dit le narrateur. Trop longtemps, aux Antilles, on a parlé d'une peau « sauvée » par son degré de blancheur, la référence est encore trop souvent implicite, mais d'autre part, parmi les intellectuels, les progressistes, le même degré de blancheur est au contraire devenu difficile à assumer.

La mulâtresse Solitude me semble donc apporter à la représentation du métissage un refus catégorique d'entériner les derniers dogmes d'une éthique historique. Il faut par exemple beaucoup de courage au récit pour oser jeter un doute sur la légitimité de la joie de la mère Bobette qui vient de mettre au monde un deuxième enfant, celui-là bien noir. En choisissant le point de vue de Solitude, qui a attendu sa mère avec ferveur et comprend tout d'un coup l'inutilité de son espoir, le récit suggère, sans aucun didactisme, que même pendant la période la plus terrible de l'esclavage, l'idolâtrie de la couleur pure peut avoir des conséquences désastreuses. En suggérant que celle que l'on soupçonne toujours de trahison est en définitive celle qui est toujours trahie, le texte nous invite à nous méfier non seulement de notre tentation de classer les individus au sein de communautés rigidement séparées mais aussi de notre désir de créer un système qui autorise l'existence de ces séparations. Ce livre répond, par un récit, à l'appel d'Édouard Glissant qui affirme que, malgré la « damnation » qui s'attache à ce mot de métissage,

> Ni le mot ni sa réalité ne sont à rejeter. La Relation porte l'univers au fécond métissage. Ceux qui vivent cet état ne sont plus (en conscience) des victimes pathétiques : ils sont lourds d'exemplarité. Au-delà du souffert, la communauté que groupe le métissage ne peut nier ni l'Autre, ni l'histoire, ni la nation, ni la poétique de l'Un. Elle ne peut que les dépasser[3].

Ceux (ou celles) qui « vivent dans cet état » ne sont pas, à mon sens, des individus qui subissent leur identité. De la même manière qu'il y a moyen d'avoir la mètis plutôt que d'être métis, le domaine dans lequel la mètis peut exercer sa vigilance peut être choisi. Le modèle que nous propose Solitude peut servir à mettre fin au problème de définition qui se pose depuis le début de cet essai : en tant que lecteurs et que lectrices intéressé(e)s par l'« opposition dans la littérature antillaise », nous pouvons examiner les tactiques utilisées par les textes, et vérifier leur efficacité ou leur duplicité, nous pouvons enregistrer l'intention de résistance exprimée consciemment ou inconsciemment par les textes, c'est-à-dire suivre les représentations du pouvoir, rechercher les instances qui s'y conforment ou y échappent (celles qui croient

---

3. Édouard Glissant, *L'intention poétique*, Paris, Seuil, 1969 (219).

s'y conformer et croient y échapper). Mais que devient alors la *mètis* du lecteur ou de la lectrice ? En choisissant de lire Césaire ou Schwarz-Bart, ou au contraire Marbot, ne faisons-nous pas implicitement, d'avance, confiance à certains textes alors que nous soupçonnons d'autres de trahison ? Dès que l'« opposition » devient le sujet qui préside à la lecture, ne traitons-nous pas nous-mêmes chaque livre comme une mulâtresse susceptible de nous « trahir », de servir l'ennemi. N'est-il pas dangereux d'avoir toujours cru savoir qui était l'ennemi, qui résistait, quels étaient les signes de la « victoire » ?

Face à ce type de « damnation », la *mètis* de Solitude peut aussi s'envisager comme une façon de lire, et les ruses de son « intelligence » sont peut-être une invitation à lire entre les lignes dans l'espoir de faire advenir non seulement une littérature mais une lecture métisse. Faite d'opposition à toute notion préfabriquée d'opposition, faite d'une attention à tous les *liens* qui se créent lorsqu'on lit, faite d'une aptitude à transgresser les lois du genre, ou du langage, qui imposent en général leur cohérence non dite, la lecture métisse risque d'abord d'être surtout faite de renoncement et de souffrance puisque dans un premier temps elle ouvre sur la fluidité, le miroitement infini d'un sens piégé qui se dérobe. Mais il faut espérer que l'habitude d'une lecture oppositionnelle entraînera aussi la pensée à surveiller l'évolution ou la fixité de ces catégories présupposées exister (Noir, Blanc, Même, Un, Universel, Spécifique) à laquelle nous ne tenons peut-être plus mais qui nous servent pourtant à représenter le monde : il n'est pas si simple de penser la Mise en Relation en dehors de ces catégories, il est sans doute épuisant de se demander sans arrêt, non pas « est-ce que je suis Noir(e) ou Blanch(e) » mais « quel lien est-ce que j'entretiens, en cet instant précis, dans tel domaine en particulier, avec ce que je (ou l'autre) perçois comme la communauté noire ou la communauté blanche ? » Pourtant, seule une telle forme d'opposition aboutira sans doute à la vision « créole » qui rendrait justement l'interrogation sur l'appartenance et l'alliance moins tragique :

> Cela nous évitera aussi un retour à l'ordre totalitaire de l'ancien monde, rigidifié par la tentation de l'Un et du défi-

nitif. Au cœur de notre créolité, nous maintiendrons la modulation des lois nouvelles, de mélanges illicites. Car nous savons que chaque culture n'est jamais un achèvement mais une dynamique constante chercheuse de questions inédites, de possibilités neuves, qui ne domine pas mais qui entre en relation, qui ne pille pas mais qui échange (*Éloge de la créolité*, 54).

Bibliographie

AMSELLE Jean-Loup, *Logiques métisses : Anthropologie de l'identité en Afrique et ailleurs*, Paris, Payot, 1990.

ANDERSON Benedict, *Imagined Communities : Reflections on the Origin and Spread of Nationalism* (deuxième édition revue et augmentée), London, Verso, 1991.

ANGELOU Maya, *I Know Why the Caged Bird Sings*, New York, Random House, 1970.

ANTOINE Régis, *Les écrivains français et les Antilles*, Paris, Maisonneuve et Larose, 1978.

Arnold James, *Modernism and Negritude : the Poetry and Poetics of Aimé Césaire*, Cambridge and London, Harvard University Press, 1981.

« Aimé Césaire, marronneur de l'Occident », *Cultures et Développements*, XV, I, 1983 (57-68).

BÂ Mariama, *Une si longue lettre*, Dakar, Nouvelles éditions africaines, 1976.

BAUDELAIRE Charles, *Les fleurs du mal*, Paris, Garnier, 1961.

BEBEL-GISLER Dany, *La langue créole, force jugulée*, Paris, L'Harmattan, 1976.

BERNABÉ Jean, « La négritude césairienne et l'Occident », *Négritude africaine négritude caraïbe* (Actes du colloque sur la négritude tenu à l'université de Paris en janvier 1973), Paris, éditions de la Francité, 1973.

« Le travail de l'écriture chez Simone Schwarz-Bart », *Présence Africaine*, nos 121-122, 1er et 2e trimestre 1982 (166-179).

Fondal-Natal, Paris, L'Harmattan, 1983.

Grammaire créole (fondas-kreyol-la), Paris, L'Harmattan, 1987.

Patrick Chamoiseau et Raphaël Confiant, *Éloge de la créolité*, Paris, Gallimard, 1989.

BHABHA Homi, « Signs Taken for Wonders », in *« Race », Writing and Difference* (Ed. Henri Louis Gates), Chicago, Chicago University Press, 1986 (163-184).

BOUCHARD Monique, *Une lecture de Pluie et vent sur Télumée Miracle de Simone Schwarz-Bart*, Paris, L'Harmattan, 1990.

BOUELET Rémy-Sylvestre, *Espaces et dialectique du héros césairien*, Paris, L'Harmattan, 1987.

BROOKS Gwendolyn, *Report from Part One*, Detroit, Broadside Press, 1972.

BRETON André, « Un grand poète noir », in *Cahier d'un retour au pays natal*, Paris, Présence Africaine, 1983 (77-87).

BURTON Richard, « Comment peut-on être Martiniquais ? The Recent Work of Edouard Glissant », *Modern Language Review*, vol. 79, n° 2, avril 1984.

BUSIA Abena, « This Gift of Metaphor : Symbolic Strategies and the Triumph of Survival in Simone Schwarz-Bart's *The Bridge of Beyond* », in *Out of the Kumbla : Caribbean Women and Literature* (Edited by Carole Boyce Davies and Elaine Savory Fido), Trenton, Africa World Press, 1990 (289-301).   ·

CAILLER Bernadette, *Proposition poétique : une lecture de l'œuvre d'Aimé Césaire*, Paris, Sherbrooke, Éditions Naaman, 1976.

« Ti-Jean l'horizon de Simone Schwarz-Bart ou la leçon du Royaume des Morts », in *Stanford French Studies*, vol. 6, nos 2-3 (283-297).

CAMPBELL Josie, « To Sing the Song, To Tell the Tale : Toni Morrison and Simone Schwarz-Bart », in *Comparative Literature Studies*, Fall, 1985 (394-412).

CAMPBELL Mavis, *The Maroons of Jamaica, 1655-1796 : A History of Resistance, Collaboration and Betrayal*, South Hadley, Mass. : Bergin & Garvey, 1988.

CASE Frederik, *The Crisis of Identity : Studies in the Guadeloupean and Martiniquan Novel*, Sherbrooke, Edition Naaman, 1985.

CERTEAU Michel (de), *L'invention du quotidien*, Paris, UGE, collection 10/18, 1980.

CÉSAIRE Aimé, *Cahier d'un retour au pays natal* (1939), Paris, Présence Africaine, 1983.

Discours sur le colonialisme (1950), Paris, Présence Africaine, 1989.

Et les chiens se taisaient, Paris, Présence Africaine, 1956.

La tragédie du roi Christophe, Paris, Présence Africaine, 1970.

CÉSAIRE Suzanne, « Misères d'une poésie », in *Tropiques*, t. 1, n° 4, janvier 1942 (48-50).

CHAMOISEAU Patrick, *Chronique des sept misères*, Paris, Gallimard, 1986.

Solibo le magnifique, Paris, Gallimard, 1988.

Au temps d'antan, Paris, Hatier, 1988.

Martinique, Paris, Hoa-Qui/Richer, 1988.

Antan d'enfance, Paris, Hatier, 1990.

Lettres créoles : tracées antillaises et continentales de la littérature : 1635-1975, Paris, Hatier, 1991.

CLIFF Michelle, *The Land of Look Behind*, Ithaca, New York, Firebrand Books, 1985.

No Telephone to Heaven, New York, Vintage Books, 1987 (première édition, Penguin, 1985).

CLIFFORD James, « Traveling Cultures » in *Cultural Studies* (Eds. Grossberg, Nelson and Treichler), New York and London, Routledge, 1992 (92-116).

CONDÉ Maryse, *La civilisation du Bossale*, Paris, L'Harmattan, 1978.

Moi, Tituba, sorcière noire de Salem, Paris, Mercure de France, 1986.

« Notes sur un retour au pays natal », *Conjonction : revue franco-haïtienne*, n° 176, supplément 1987 (7-23).

CONFIANT Raphaël, *Bitako-A*, KDP, 1986.

Marisosé, Éditions Presses Universitaires Créoles, 1987.

Le nègre et l'animal, Paris, Grasset, 1988.

Eau de café, Paris, Grasset, 1991.

CORZANI Jack, « Splendeur et misère : l'exotisme littéraire aux Antilles », *GURIC* n° 2 (Études et documents), juin 1969 (1-67).

La littérature des Antilles-Guyane françaises, Fort-de-France, Désormaux, 1978.

« Problèmes méthodologiques d'une "histoire littéraire" des Caraïbes », *Komparatische Hefte*, n° 11, 1985 (49-67).

CUDJOE Selwyn Reginald, *Resistance and Caribbean literature*, Chicago, Ohio University Press, 1980.

DASH J. Michael, « Le cri du Morne : la poétique du paysage césairien et la littérature antillaise », in *Soleil éclaté : Mélanges offerts à Césaire à l'occasion de son soixante-dixième anniversaire par une équipe internationale d'artistes et de chercheurs* (Éd. Jacqueline Leiner), Tübingen, Narr, 1984 (101-123).

DÉTIENNE Marcel et VERNANT Jean-Pierre, *Les ruses de l'intelligence : la mètis des Grecs*, Paris, Flammarion, 1970.

EGA Françoise, *Lettres à une noire*, Paris, L'Harmattan, 1978.

FANON Frantz, *Peau noire, masques blancs*, Paris, Seuil (collection Points), 1952.

FOUCAULT Michel, *L'ordre du discours*, Paris, Gallimard, 1971.

FOUCHARD Jean, *Les marrons de la liberté*, Paris, L'école, 1972.

GATES Henri Louis Jr., « *Race* », *Writing and Difference*, Chicago, University of Chicago Press, 1986.

GAUTIER Arlette, *Les sœurs de Solitude : la condition féminine dans l'esclavage aux Antilles du XVIe au XVIIIe siècle*, Paris, Éditions Caribéennes, 1985.

GLISSANT Édouard, *Le Quatrième siècle*, Paris, Seuil, 1964.

L'intention poétique, Paris, Seuil, 1969.

Malemort, Paris, Seuil, 1975.

Le discours antillais, Paris, Seuil, 1981.

« Édouard Glissant, préfacier d'une littérature future », Entretien par Priska Degras et Bernard Magnier, *Notre Librairie*, vol. 74, 1986 (14-20).

Poétique de la Relation, Paris, Gallimard, 1990.

GUÉRIN Michel, *Les Antilles décolonisées*, Paris, Présence Africaine, 1956.

HULL Gloria, BELL SCOTT Patricia and SMITH Barbara, *All the Women are White, All the Blacks are Men, But Some of Us Are Brave*, New York, The Feminist Press, 1982.

JAHN Janheinz, *Muntu*, Düsseldorf, Eugene Dieterichs Verlag, 1961.

KESTELOOT Lilyan, *Aimé Césaire*, Paris, Seghers, collection Poètes d'aujourd'hui, 1962.

KINKAID Jamaica, *A Small Place*, New York, Farar, Straus, Giroux, 1988.

KOFMAN Sarah, *Comment s'en sortir*, Paris, Galilée, 1984.

KOJÈVE Alexandre, *Introduction à la lecture de Hegel* (Textes réunis ·par Queneau), Paris, Gallimard, collection Tel, 1947.

LARA Oruno, *La Guadeloupe dans l'histoire* (nouvelle édition publiée d'après le texte de 1921), Paris, L'Harmattan, 1979.

LAROCHE Maximilien, « Violence et langage dans les littératures d'Haïti et des Antilles françaises », *Présence francophone*, n° 16, 1978 (111-121).

LEINER Jacqueline, « Entretien avec Aimé Césaire », in *Tropiques* (vol. 1, n° 1 à 5, avril 1941 à avril 1942), Paris, Jean-Michel Place, 1978 (i-xxxviii).

LEINER Jacqueline (ed.), *Soleil éclaté : Mélanges offerts à Césaire à l'occasion de son soixante-dixième anniversaire par une équipe internationale d'artistes et de chercheurs*, Tübingen, Narr, 1984.

LIONNET Françoise, *Autobiographical Voices*, Ithaca, Cornell University Press, 1989.

LIRUS Julie, *Identité antillaise*, Paris, Éditions Caribéennes, 1979.

LYOTARD Jean-François, *Le différend*, Paris, Minuit, 1983.

MAXIMIN Daniel, *L'Isolé Soleil*, Paris, Seuil, 1981.

« Aimé Césaire : la poésie, parole essentielle », *Présence Africaine*, n° 126, 2ᵉ trimestre 1983 (7-23).

MCKINNEY Kitzie, « Second Vision : Antillean Versions of the Quest in Two Novels by Simone Schwarz-Bart », *French Forum*, vol. 62, n° 4, March 1989 (650-660).

MEMMI Albert, *Portrait du colonisé* (précédé d'une préface de Jean-Paul Sartre), Paris, Petite Bibliothèque Payot, 1973.

MICHEL Jean-Claude, *Les écrivains noirs et le surréalisme*, Sherbrooke, Éditions Naaman, 1982.

MILLER Christopher, *Blank Darkness*, Chicago and London, The University of Chicago Press, 1985.
Theories of Africans, Chicago, University of Chicago Press, 1990.

MORDECAI Pamela et WILSON Betty, *Her True-True Name : An Anthology of Women's Writings from the Caribbean*, Reading, Heinemann, 1989.

MORRISON Tony, *Sula*, New York and Scarborough, Ontario, New American Library, 1973.

MOUFFE, Chantal, « Hegemony and New Political Subjects », in Nelson, Carry et Larry Grossberg (Eds.) *Marxism and the Interpretation of Culture*, Urbana, University of Illinois Press, 1988 (89-102).

MUDIMBE Vumbi Yoka, *L'odeur du père. Essai sur les limites de la science et de la vie en Afrique noire*, Paris, Présence Africaine, 1982.

NAU John Antoine, « Misère d'une poésie », *Tropiques*, t. 1, n° 4, janvier 1942 (48-50).

NGAL M. a M., *Aimé Césaire : un homme à la recherche d'une patrie*, Dakar, les nouvelles éditions africaines, 1975.

NGATÉ Jonathan, *Francophone African Fiction*, Trenton, Africa World Press, 1988.

NIXON Robert, « London calling : V.S. Naipaul and the Licence of Exile », *The South Atlantic Quarterly*, Winter 1988, vol. 87, n° 1 (1-38).

NTONFO André, *L'homme, l'identité dans le roman des Antilles et Guyane françaises*, Sherbrooke, Éditions Naaman, 1982.

OUOLOGUEM Yambo, *Le devoir de violence* Paris, Seuil, 1968.

PAULSON William, *The Noise of Culture : Literary Texts in a World of Information*, New York et Londres, Cornell University Press, 1988.

PÉPIN Ernest, « Le jeu des figures répétitives dans l'œuvre », *Textes, Études, Documents*, n° 2, 1979 (numéro spécial sur *Pluie et vent sur Télumée Miracle*), 79-102.

PESTRE DE ALMEIDA, « Rire haïtien, rire africain : le comique dans la *Tragédie du Roi Christophe* de Césaire », *Présence francophone*, n° 10, 1975 (59-71).

REED Ishmael, SHAWN Wong, CALLAHAN Bob et HOPE Andrew, « Is Ethnicity Obsolete », in *The Invention of Ethnicity* (Ed. Werner Sollors), New York, Oxford, Oxford University Press, 1989 (226-235).

SAID Edouard, *The World, the Text and the Critic*, Cambridge, Mass, Harvard University Press, 1983.

« Reflections on exile », *Granta* 13 (Autumn 1984), 157-72.

SAMAD Daizal, « In Search of the Chrysalis of the Voice : The Language of the Slaves in John Hearne's *The Sure Salvation* », *World Literature Written in English*, vol. 30, n° 1, 1990 (11-16).

SARTRE Jean-Paul, « Orphée Noir », in *Anthologie de la nouvelle poésie nègre et malgache* (5ᵉ édition), Paris, Quadrige/PUF, 1985.

SCHARFMAN Ronnie, *Engagement and the Language of the Subject in the Poetry of Aimé Césaire*, Gainesville, University Press of Florida, 1980.

« Mirroring and Mothering in Simone Schwarz-Bart's *Pluie et vent sur Télumée Miracle* et Jean Rhy's *Wide Sargasso Sea*, in *Yale French Studies*, n° 62, 1981 (88-106).

SCHWARZ-BART André, *La mulâtresse Solitude*, Paris, Seuil, 1967.

Le dernier des Justes, Paris, Seuil, 1959.

Ti-Jean l'horizon, Paris, Seuil, 1979.

et André Schwarz-Bart (interview avec), « Sur les pas de Fanotte », *Textes-Études-Documents*, n° 2, 1979 (13-22).

SCHWARZ-BART Simone, *Pluie et vent sur Télumée Miracle*, Paris, Seuil, 1972.

SCHWARZ-BART André et Simone, *Un plat de porc aux bananes vertes*, Paris, Seuil, 1967.

SENGHOR Léopold, *Anthologie de la nouvelle poésie nègre et malgache* (5ᵉ édition), Paris, Quadrige/PUF, 1985.

SERRES Michel, *Le parasite*, Paris, Grasset, 1980.

SONGOLO Aliko, *Aimé Césaire, une poétique de la découverte*, Paris, L'Harmattan, 1985.

TOUREH Fanta, *L'imaginaire dans l'œuvre de Simone Schwarz-Bart : approche d'une mythologie antillaise*, Paris, L'Harmattan, 1987.

UGAH Ada, « La mer et la quête de soi : une lecture bachelardienne des romans d'Édouard Glissant », *Présence Africaine*, n° 132, quatrième trimestre 1984 (108-126).

WILSON Elizabeth, « Le voyage et l'espace clos », in *Out of the Kumbla : Caribbean Women and Literature* (Edited by Carole Boyce Davies and Elaine Savory Fido), Trenton, Africa World Press, 1990 (45-57).

ZADI ZAOUROU Bernard, *Césaire entre deux cultures*, Dakar, Abidjan, Nouvelles éditions africaines, 1978.

ZIMRA Clarisse, « Compte rendu de *L'Isolé Soleil* et de *Soufrières* », dans *The American Book Review*, vol. 9, n° 6, janvier 1988.

« Righting the Calabash : Writing History in the Female Francophone Narrative », in *Out of the Kumbla : Caribbean Women and Literature* (Edited by Carole Boyce Davies and Elaine Savory Fido), Trenton, Africa World Press, 1990 (143-159).

ZOBEL Joseph, *Rue Cases-Nègres*, Paris, Les quatre jeudis, 1955.

Table des matières

ÉDITIONS KARTHALA

(extrait du catalogue)

Collection *Méridiens*

Bernard LEHEMBRE, *L'Ile Maurice.*
Christian RUDEL, *Mexique, des Mayas au pétrole.*
Christian RUDEL, *La République Dominicaine.*
J. BURNET et J. GUILVOUT, *La Thaïlande.*
Philippe DAVID, *La Côte d'Ivoire.*
Marie-Paule DE PINA, *Les îles du Cap-Vert.*
Attilio GAUDIO, *Le Mali.*
Philippe L'HOIRY, *Le Malaŵi.*
Catherine BELVAUDE, *La Mauritanie.*
Alain et Denis RUELLAN, *Le Brésil.*
André LAUDOUZE, *Djibouti.*
Pierre VÉRIN, *Madagascar.*
Antonio RALUY, *La Nouvelle-Calédonie.*
P. MOUREN-LASCAUX, *La Guyane.*
Christian RUDEL, *Le Paraguay.*
Catherine BELVAUDE, *L'Algérie.*
J.-P. LOZATO-GIOTARD, *Le Maroc.*
François TROTET, *Le Panama.*
Pierre-Yves TOULLELAN, *Tahiti et ses archipels.*
Michel POUYLLAU, *Le Venezuela.*
Christian RUDEL, *L'Équateur.*
Odile FRANÇOIS, *Le Togo.*
Catherine FOUGÈRE, *La Colombie.*
Noël BALLIF, *Le Congo.*

Collection *Les Afriques*

M.C. Diop et M. Diouf, *Le Sénégal sous Abdou Diouf.*

Jean Copans, *La longue marche de la modernité africaine.*

Jean-Marc Éla, *Quand l'État pénètre en brousse...*

B. Contamin et Y.-A. Fauré, *La bataille des entreprises publiques en Côte d'Ivoire.*

Jean-Claude Willame, *Patrice Lumumba. La crise congolaise revisitée.*

Bernard Botiveau, *L'Algérie par ses islamistes.*

Claudine Vidal, *Sociologie des passions (Côte d'Ivoire, Rwanda).*

J.-F. Bayart, A. Mbembe et C. Toulabor, *Le politique par le bas en Afrique noire.*

Jean-Claude Willame, *L'automne d'un despotisme (Le Zaïre).*

David B. Coplan, *In Township Tonight. La musique noire sud-africaine.*

Éric de Rosny, *L'Afrique des guérisons.*

Fabien Eboussi, *Les conférences nationales en Afrique. Une affaire à suivre.*

Jean-Pierre Warnier, *L'esprit d'entreprise au Cameroun.*

Bogumil Jewsiewicki, *Naître et mourir au Zaïre.*

Jean-François Bayart et alii, *Religion et modernité politique en Afrique noire.*

Collection *Gens du Sud*

Y. Konaté *Alpha Blondy, Reggae et société en Afrique.*

Ch. Rudel, *Les Amériques indiennes.*

P. Nguema-Obam, *Aspects de la religion fang.*

A. Bonassieux, *L'autre Abidjan.*

S. Prévitali, *Le Cameroun par les ponts et par les routes.*

M.A. Lecerf, *Comprendre le Liban.*

V. Lièvre, *Danses du Maghreb.*

J. Capelle, *L'Éducation en Afrique noire.*

B. Sanankoua, *Un empire peul au XIXᵉ siècle, Le Maasina.*

A. Gaudio et P. Van Roekeghem, *Étonnante Côte d'Ivoire.*

M. Decat et P. Mercier, *Étudiants ACP dans la Communauté européenne.*

E. Mestiri, *Guide du Maghreb à Paris et en France.*

J. TRONCHON, *L'insurrection malgache de 1947.*

A. TOURÉ, *Les petits métiers à Abidjan.*

Ch. KABEYA, *Syndicalisme et démocratie en Afrique noire.*

K. MARIKO, *Les Touaregs.*

E. RUDE-ANTOINE, *Le mariage maghrébin en France.*

Adoum MBAÏOSSO, *L'éducation au Tchad.*

Mário MAESTRI, *L'esclavage au Brésil.*

Espace caribéen

Jean JURAVER et Michel ECLAR, *Anse-Bertrand, une commune de Guadeloupe.*

Jacques ADELAÏDE, *La Caraïbe et la Guyane au temps de la Révolution.*

Gérard LAFLEUR, *Les Caraïbes des Petites Antilles.*

Martin-Luc BONNARDOT et Gilles DANROC, *La chute de la maison Duvalier. Textes pour l'histoire.*

Jacques ADÉLAÏDE-MERLANDE, *Delgrès. La Guadeloupe en 1802.*

Alain ANSELIN, *L'émigration antillaise. La troisième Ile.*

Paul LAPORTE, *La Guyane des écoles.*

Georges B. MAUVOIS, *Louis des Étages. Itinéraire d'un homme politique martiniquais (1873-1925).*

Christiane BOUGEROL, *La médecine populaire à la Guadeloupe.*

Rémy BASTIEN, *Le paysan haïtien et sa famille.*

Christian MONTBRUN, *Les Petites Antilles avant Christophe Colomb.*

Jean-Pierre MOREAU, *Les Petites Antilles de Christophe Colomb à Richelieu.*

Pierre PLUCHON, *Vaudou, sorciers et empoisonneurs. De Saint-Domingue à Haïti.*

M. GIRAUD, L. GANI et D. MANESSE, *L'école aux Antilles.*

Régis ANTOINE, *La littérature franco-antillaise.*

Mireille ROSELLO, *Littérature et identité créole aux Antilles.*

Achevé d'imprimer par   Corlet, Imprimeur, S.A.
14110 Condé-sur-Noireau (France)
N° d'imprimeur : 4349 - Dépôt légal : novembre 1992 - *Imprimé en C.E.E.*

Composition, mise en pages :
Vire-*Graphic*
Z.I., rue de l'Artisanat, 14500 Vire